essen & trinken

DAS GROSSE BUCH DER
BLITZREZEPTE

Sonderausgabe der Naumann & Göbel Verlagsgesellschaft mbH
in der VEMAG Verlags- und Medien Aktiengesellschaft, Köln
Alle Rechte bei Gruner + Jahr AG & Co., Hamburg
Redaktion: Sabine Zarling
Layout: Jürgen Pengel
Grafik: Heike Diem
Titelgestaltung: Naumann & Göbel
Rezepte: Christiane Steinfeld, Anke Rabeler, Jutta Jahr
Styling: Renate Gerber
Schlußredaktion: Karin Fischer-Brinckman, Christa Davids
Fotos: Heino Banderob, Thomas Diercks, Wolfgang Krüger, Richard Stradtmann
Gesamtherstellung: Naumann & Göbel Verlagsgesellschaft mbH, Köln
Alle Rechte vorbehalten
600438/83400

essen & trinken

DAS GROSSE BUCH DER BLITZREZEPTE

NAUMANN & GÖBEL

INHALT

	Seite
Kochtips	**6**
Suppen und Eintöpfe	**8**
Kurzgebratenes	**28**
Überbackenes	**52**
Geschnetzeltes	**72**
Gemüse- und Kartoffelgerichte	**90**
Ragouts	**126**
Süßes	**140**
Register	**158**

KOCH TIPS

Blitzschnell – in nur zwanzig Minuten – ist jedes Gericht in diesem Buch zubereitet. Und damit auch Sie in der Zeit bleiben, finden Sie hier Tips und Tricks, die das Kochen einfacher und schneller machen.

Suppen und Eintöpfe

● Suppen werden cremiger, wenn sie mit dem Schneidstab des Handrührers oder im Mixer püriert werden (Foto).

● Zu dünnflüssige Suppen oder Eintöpfe lassen sich schnell mit etwas Kartoffelpüreepulver binden (Foto).

● Etwas sämiger werden Eintöpfe, indem man eine rohe geriebene Kartoffel unter die kochende Brühe rührt.

● Feiner und sahniger schmeckt eine Cremesuppe durch Legieren. Dazu verrührt man pro Liter Suppe etwa 2 bis 4 Eigelb mit 100 Gramm Schlagsahne, Crème fraîche, Crème double, Schmant oder Sahnejoghurt. Die Eigelb-Sahne-Mischung wird zum Schluß in die heiße – nicht mehr kochende! – Suppe gerührt; sie würde sonst gerinnen (Foto).

● Bei Eintöpfen, die in zwanzig Minuten fertig sind, eignen sich als Einlage keine großen Fleischstücke wie Beinscheibe oder Querrippe, sondern nur in dünne Scheiben geschnittene Koteletts, Schnitzel oder Filets, die kurz in Fett angebraten und dann in den Eintopf gegeben werden.

Suppe pürieren

Eintopf andicken

Suppe legieren

Überbackenes

Aufläufe, Gratins, Pizzen und Fleisch schmecken am besten, wenn sie mit einem Käse wie Parmesan, mittelaltem Gouda oder Greyerzer überbacken werden. Dabei sollte der Käse nicht ganz dunkel gebräunt, sondern nur goldgelb gebacken werden: Denn je dunkler der Käse, desto mehr Nitrosamine (gesundheitsschädliche Stoffe) werden im Körper gebildet.
Deshalb gilt: Wird die Käsekruste zu schnell braun, den Auflauf oder das Fleisch mit Alufolie im Backofen abdecken.

Geschnetzeltes

Für Geschnetzeltes das Fleisch immer in gleich große Streifen schneiden, damit es gleichzeitig gar wird. Die Fleischstreifen nur portionsweise in sehr heißem Fett anbraten, damit sich die Poren schnell schließen und der Fleischsaft nicht austritt. Das Fleisch unter Wenden so lange braten, bis es von allen Seiten braun, innen aber noch leicht rosa ist. Mit etwas Mehl bestäubt, wird es besonders braun und kroß.

Kurzgebratenes

Koteletts, Schnitzel und Filets werden bei starker Hitze in Öl, Butterschmalz oder Pflanzenfett gebraten und erst nach dem Anbraten gesalzen, damit sie nicht zäh werden.

So wird Kurzgebratenes paniert
Fleisch und Fisch bleiben saftiger, wenn sie vor dem Braten paniert werden (Foto unten). Dazu das Fleisch erst in Mehl wenden, dann durch verquirltes, gesalzenes Ei ziehen und zum Schluß in Paniermehl wälzen. Die Panierung gut andrücken. Besonders aromatisch schmeckt das gebratene Fleisch, wenn unter das Paniermehl etwas geriebener Parmesan gemischt wird.

Fleisch und Fisch bleiben besonders saftig, wenn sie vor dem Braten paniert werden. Die goldgelbe Hülle besteht aus Mehl, Ei und Paniermehl.

Schnelle Sauce: Den Bratensatz mit Brühe oder Wein ablöschen und mit Butterflöckchen binden.

Parmesan eignet sich zum Überbacken nur in Kombination mit Butter, Öl oder Sahne, da der Käse sehr trocken ist und schnell verbrennt.

Kleine Fleischmengen anbraten

Ragouts

Ragouts werden meistens mit einer Mehlschwitze zubereitet, die zwar ganz einfach ist, aber vor der sich Kochanfänger immer wieder scheuen. So einfach wird sie gemacht:

Mehl anschwitzen
Für 1/2 l Sauce 40 g Butter oder Margarine in einem Topf erhitzen. Dann 30 g Mehl zugeben und mit einem Schneebesen gut verrühren (großes Foto). Die Mehlmischung so lange „schwitzen" lassen, bis sich ein weißer Belag auf dem Topfboden bildet.

Mit Brühe ablöschen
Den Topf vom Herd ziehen, 1/4 l Brühe zugießen und kräftig rühren, damit sich keine Klümpchen bilden (Foto links). Die Sauce aufkochen lassen.

Sahne zugeben
1/4 l Sahne, Milch oder Brühe zugießen (Foto rechts). Die Sauce unter Rühren etwa fünf Minuten kochen, dann würzen.

Saucen verfeinern
Zwiebeln werden für die Sauce feingewürfelt in dem heißen Fett angedünstet, bevor das Mehl dazukommt. Für eine Tomatensauce das Tomatenmark zur Fett-Mehl-Mischung geben und mitanschwitzen: Es verliert dadurch seinen säuerlichen Geschmack.

Das Mehl auf einmal in das heiße Fett rühren.

Brühe zugießen   Sahne unterrühren

Gemüse- und Kartoffelgerichte

● Das Kochen von Kartoffeln dauert normalerweise zwanzig Minuten. Viel schneller geht es, wenn die Kartoffeln in dünne Scheiben geschnitten und dann etwa vier Minuten in Salzwasser oder Brühe gegart werden. Diese fixe Methode eignet sich für Kartoffelsalate, Aufläufe und Gratins.

● Der schnellste Kartoffelsalat wird so zubereitet: Die Kartoffelscheiben kurz in Brühe kochen, abgießen, feingewürfelte Zwiebel dazugeben. Anstatt Mayonnaise verrührt man einige Eigelb mit etwas Öl, würzt mit Salz und Pfeffer und hebt die Mischung unter die Kartoffeln. Fertig!

● Tiefgefrorenes Gemüse immer dem Gemüse aus der Dose vorziehen, weil es gesünder und voller im Geschmack ist.

Kartoffelscheiben in die kochende Brühe geben.

Eigelbmischung unter die Kartoffeln heben.

Süßes

Früchtepürees schmecken als kalte Obstsuppen, in Cremespeisen oder als Saucen zu Eis, Flammeris und Mousses. Dazu werden etwa 500 Gramm beliebige Früchte mit dem Scheidstab des Handrührers oder im Mixer püriert. Zusätzlich streicht man das Obst durch ein feines Sieb, damit das Püree noch feiner wird und Kerne zurückbleiben. Wem die Fruchtsüße des Pürees nicht reicht, rührt ein bis zwei Eßlöffel Puderzucker darunter.

Schnelle Sorbets
Sorbets, die erfrischenden eiskalten Desserts, sind sehr schnell gemacht, wenn man die tiefgefrorenen Früchte wie Erdbeeren, Himbeeren, Blaubeeren, Brombeeren oder Beerencocktail nur leicht antauen läßt, sie püriert, durch ein Sieb streicht, nach Belieben mit Puderzucker süßt und dann mit einem Spritzbeutel in vorgekühlte Gläser spritzt. Die Sorbets nach Geschmack mit Sekt oder Champagner aufgießen und mit Zitronenmelisse oder Minze garnieren.

1. Suppen und Eintöpfe

Kartoffelsuppe

Zutaten Für 4 Portionen: 1 Paket Bacon (dän. Frühstücksspeck, 150 g), 2 El Öl, 100 g Zwiebeln, 150 g Möhren, 200 g Kartoffeln, 1 1/2 l Brühe, 300 g TK-Fleischklöße, 110 g Kartoffelpüreepulver, Salz, Pfeffer (a.d. Mühle), Muskatnuß (frisch gerieben), 1 Bund Schnittlauch

1. Minute Den Bacon in Streifen schneiden und in 1 El Öl anbraten. Die Zwiebeln pellen und würfeln.

5. Minute Die Zwiebeln im Speckfett glasig dünsten. Die Möhren und Kartoffeln waschen und schälen. 2 El Speckmischung aus dem Topf abnehmen und beiseite legen.

8. Minute Die Möhren und Kartoffeln grob raspeln, in den Topf geben. Die Brühe zugießen und 8 Minuten leise kochen lassen. Die Fleischklöße unaufgetaut bei milder Hitze in 1 El Öl braten.

16. Minute Die Suppe aufkochen lassen, vom Herd nehmen. Das Püreepulver unterrühren. Die Suppe mit Salz, Pfeffer und Muskat würzen.

19. Minute Den Schnittlauch in Röllchen schneiden, mit der Speckmischung und den Fleischklößen in die Suppe rühren.

Pro Portion etwa 19 g E, 45 g F, 41 g KH = 634 kcal (2662 kJ)

Mit üppiger Einlage: die Kartoffelsuppe mit Fleischklößchen und Frühstücksspeck.

1. Suppen und Eintöpfe

Bohnensuppe

Zutaten Für 6–8 Portionen: 1 Gemüsezwiebel, 1 Paket Bacon (dän. Frühstücksspeck, 150 g), 1 Cabanossi, 2 dicke Würstchen, 1 Dose Tomaten (800 g), 1 Dose weiße Bohnen (470 g), 1 Dose rote Bohnen (265 g), 1 Bund glatte Petersilie, Salz, Pfeffer (a.d. Mühle), Paprikapulver (edelsüß)

1. Minute Die Zwiebel pellen und würfeln. Den Bacon in Streifen schneiden.

4. Minute Den Bacon in einem Topf anbraten, die Zwiebel zugeben und dünsten. Die Cabanossi in Scheiben schneiden.

7. Minute Cabanossi zur Zwiebel-Bacon-Mischung geben und andünsten. Dann die beiden Würstchen in Scheiben schneiden.

9. Minute Die geschälten Tomaten mit Saft in den Topf geben und im geschlossenen Topf 6 Minuten erhitzen. Inzwischen die weißen und roten Bohnen in ein Sieb geben, kalt abspülen und abtropfen lassen.

14. Minute Die Petersilie hacken. Die Bohnen und die Würstchen in der Suppe erhitzen, mit Salz, Pfeffer und Paprikapulver würzen, mit Petersilie bestreuen.

Pro Portion (bei 8 Portionen) etwa 18 g E, 25 g F, 31 g KH = 439 kcal (1838 kJ)

Heizt kräftig ein: deftig-scharfe Suppe aus roten und weißen Bohnen, Tomaten, Cabanossi und dicken Würstchen.

1. Suppen und Eintöpfe

Rosenkohleintopf

Zutaten Für 4 Portionen: 2 Pakete Bacon (dän. Frühstücksspeck, à 150 g), 2 Pakete Suppengrün (TK, à 50 g), 2 Pakete Rosenkohl (TK, à 300 g), 1 l Gemüsebrühe (Instant), 1 Bund glatte Petersilie, 1 Kartoffel (100 g), Salz, Pfeffer (a.d. Mühle), Muskatnuß (frisch gerieben)

1. Minute Den Bacon in etwa 1 cm breite Streifen schneiden. Die Streifen in einen Topf geben und darin ausbraten, dabei mehrmals umrühren.

3. Minute Das Suppengrün aus der Packung nehmen und unaufgetaut zum Bacon geben, gut unterrühren und mit andünsten.

4. Minute Den Rosenkohl zugeben und mit Brühe auffüllen. Den Eintopf bei mittlerer Hitze ca. 10 Minuten kochen lassen. Die Petersilie waschen, trockenschütteln und hacken.

12. Minute Die Kartoffel schälen und auf der groben Seite der Haushaltsreibe raspeln. Die Kartoffel in den kochenden Eintopf geben und zugedeckt 5 Minuten bei milder Hitze garen lassen.

19. Minute Den Eintopf mit Salz, Pfeffer und Muskat würzen, mit Petersilie bestreut servieren.

Pro Portion etwa 29 g E, 52 g F, 37 g KH = 764 kcal (3206 kJ)

Der kräftige Rosenkohleintopf mit Frühstücksspeck, Suppengrün und Petersilie wird durch eine geraspelte Kartoffel schön sämig.

1. Suppen und Eintöpfe

Kartoffel-Porree-Suppe

Zutaten Für 4 Portionen: 300 g Porree, 1 Paket Bacon (dän. Frühstücksspeck, 150 g), 30 g Butter oder Margarine, 3/4 l Brühe (Instant), 40 bis 50 g Kartoffelpüreepulver („komplett"), 200 g Crème fraîche, 1 Bund glatte Petersilie, Salz, Pfeffer (a. d. Mühle), Muskatnuß (frisch gerieben)

1. Minute Den Porree putzen, waschen und in Ringe schneiden. Den Bacon quer in Streifen schneiden und in Butter oder Margarine ausbraten.

6. Minute Die Porreeringe zum ausgebratenen Bacon geben und darin andünsten.

8. Minute Die Brühe zugießen und alles zugedeckt 4 Minuten bei milder Hitze kochen lassen.

13. Minute Das Püreepulver mit dem Kochlöffel unterrühren und Crème fraîche zugeben. Die Suppe nochmals aufkochen lassen.

16. Minute Die Petersilie hacken. Die Suppe mit Salz, Pfeffer und Muskat herzhaft würzen und mit Petersilie bestreuen.

Pro Portion etwa 8 g E, 47 g F, 11 g KH = 519 kcal (2175 kJ)

Viel Porree, viel Crème fraîche und viel Petersilie sind die Basis dieser sahnig-cremigen Kartoffel-Porree-Suppe.

1. Suppen und Eintöpfe

Fischsuppe

Zutaten Für 4 Portionen: 500 g Suppengrün, 30 g Butter oder Margarine, 30 g Krebsbutter, 1 l Hühnerbrühe (Instant), 250 g Kabeljaufilet, 250 g Seeaal (gehäutet), 3 El Essig, 2 Bund Dill, 2 bis 3 Knoblauchzehen, Salz, Pfeffer (a.d. Mühle)

1. Minute Das Suppengrün waschen und putzen. Den Sellerie würfeln. Die Möhren längs vierteln und mit Porree und Petersilienwurzel in gleich große Stücke schneiden.

8. Minute Das Fett mit der Krebsbutter erhitzen. Das Gemüse zugeben, andünsten, mit Brühe ablöschen und 8 Minuten bei milder Hitze kochen lassen.

10. Minute Kabeljaufilet und Aal waschen, trockentupfen und in mundgerechte Stücke schneiden. Die Fischstücke mit Essig beträufeln.

13. Minute Den Dill hacken. Knoblauch pellen und in die Brühe pressen. Den Fisch trockentupfen und salzen.

16. Minute Den Fisch in die Brühe geben und 3 Minuten ziehen lassen, mit Salz, Pfeffer und Dill würzen.

Pro Portion etwa 33 g E, 15 g F, 9 g KH = 318 kcal (1332 kJ)

Der Clou dieser Fischsuppe:
Sie wird mit Krebsbutter verfeinert,
die neben dem intensiven
Geschmack auch noch eine
schöne Farbe liefert.

1. Suppen und Eintöpfe

Hähncheneintopf

Zutaten Für 6 Portionen: 250 g Möhren, 20 g Butter oder Margarine, 1 l Hühnerbrühe (Instant), 1/4 l Schlagsahne, 500 g Hähnchenfilet, 250 g Porree, 125 g 8-Minuten-Reis, 300 g TK-Erbsen, 1 Bund Petersilie, 1 bis 2 El helles Saucenbindemittel, Salz, Pfeffer (a. d. Mühle), Muskat, Worcestershiresauce

1. Minute Die Möhren schälen und in Scheiben schneiden. Das Fett in einem Topf zerlassen und die Möhrenscheiben darin andünsten.

5. Minute Die Möhren mit der Brühe ablöschen. Die Sahne unterrühren, zugedeckt bei milder Hitze kochen lassen.

6. Minute Die Hähnchenbrustfilets in feine Streifen schneiden.

10. Minute Den Porree putzen, waschen und in Ringe schneiden. Die Hähnchenstreifen in den Eintopf geben. Reis, Porree und die Erbsen unterrühren. Den Eintopf aufkochen und 8 Minuten bei milder Hitze zugedeckt kochen lassen. Die Petersilie hacken.

18. Minute Den Eintopf mit Saucenbindemittel binden, mit Salz, Pfeffer, Muskat und Worcestershiresauce würzen und mit Petersilie bestreuen.

Pro Portion etwa 23 g E, 18 g F, 22 g KH = 352 kcal (1476 kJ)

Immer wieder gut:
der klassische Hähncheneintopf
mit Möhren,
Erbsen und Reis.

1. Suppen und Eintöpfe

Bunter Muscheltopf

Zutaten Für 4 Portionen: 200 g Porree, 3 Pakete Suppengrün (TK, à 50 g), 3 El Öl, 1 bis 2 Knoblauchzehen, 1 Dose Tomaten (800 g), 200 ml Weißwein, 1,5 kg Miesmuscheln, 1 Baguette, 40 g Kräuterbutter

1. Minute Den Porree putzen, waschen und in dünne Ringe schneiden. Das Suppengrün im heißen Öl andünsten.

5. Minute Die gepellten Knoblauchzehen in den Topf pressen, gut durchrühren und kurz andünsten. Den Porree dazugeben.

6. Minute Die Tomaten mit dem Saft und dem Weißwein auf das Gemüse geben, umrühren. Das Gemüse 5 Minuten offen kochen lassen.

7. Minute Die Muscheln in stehendem Wasser mit der Wurzelbürste gründlich säubern. Geöffnete Muscheln aussortieren! Alle geschlossenen Muscheln zum Gemüse geben und zugedeckt in 10 bis 15 Minuten garen. Den Topf dabei öfter rütteln.

10. Minute Das Baguette in Scheiben schneiden, mit Kräuterbutter bestreichen und im vorgeheizten Backofen bei 200 Grad (Gas 3, Umluft 200 Grad) etwa 10 Minuten backen.

Pro Portion etwa 16 g E, 17 g F, 42 g KH = 394 kcal (1650 kJ)

Frisch aus dem Meer: Miesmuscheln, gegart in einem Tomaten-Gemüse-Sud. Dazu gibt's Kräuter-Baguette.

1. Suppen und Eintöpfe

Sauerkrauteintopf

Zutaten Für 4–6 Portionen: 350 g Rumpsteak, 3 El Öl, Salz, Pfeffer (a.d. Mühle), 1 Dose Champagner-Sauerkraut (350 g), 2 Lorbeerblätter, 5 Wacholderbeeren, 1 1/2 l Steinpilz-Hefe-Brühe (Reformhaus), 150 g Gewürzgurken, 150 g Kartoffeln, 1 Bund Frühlingszwiebeln

1. Minute Den Fettrand vom Rumpsteak abschneiden. Das Fleisch in feine Streifen schneiden.

3. Minute Das Fett in einem Topf erhitzen. Die Fleischstreifen darin in drei Portionen anbraten, herausnehmen, salzen und pfeffern.

8. Minute Sauerkraut, Lorbeerblätter und Wacholderbeeren in den Topf geben. Brühe zugießen und aufkochen. Gurken in Streifen schneiden.

12. Minute Die Kartoffeln schälen, grob raspeln, zum Eintopf geben und 6 Minuten bei milder Hitze kochen lassen.

18. Minute Die Frühlingszwiebeln schräg in Scheiben schneiden, zum Eintopf geben und aufkochen lassen. Das Fleisch und die Gurken zugeben, salzen und pfeffern.

Pro Portion (bei 6 Portionen) etwa 15 g E, 12 g F, 6 g KH = 200 kcal (836 kJ)

Der Sauerkraut-
eintopf macht satt,
aber keineswegs dick,
weil nur kalorienarme Zutaten wie
Sauerkraut, Rumpsteak und
Frühlingszwiebeln in den Suppentopf kommen.

1. Suppen und Eintöpfe

Asiatischer Hühnertopf

Zutaten Für 4 Portionen: 300 g Hähnchenbrustfilet, 250 g Champignons, 2 El Öl, 2 Gläser Geflügelfond (à 400 ml), 2 Limetten (oder Zitronen), 100 g rote Linsen (Reformhaus), 3 Tomaten, Salz, Pfeffer (a. d. Mühle), 3 bis 5 El Sojasauce, Sambal oelek (Pfefferschotenpaste)

1. Minute Das Hähnchenbrustfilet in Streifen schneiden. Die Champignons waschen, vierteln und rundherum im heißen Öl anbraten.

8. Minute Das Fleisch zugeben und anbraten. Den Fond zugießen. Eine Limette vierteln und zugeben. Alles einmal aufkochen lassen.

10. Minute Die Linsen zugeben und zugedeckt bei milder Hitze 8 Minuten quellen lassen.

12. Minute Von den Tomaten die Stielansätze entfernen, Tomaten würfeln. Die andere Limette in Scheiben schneiden. Die Tomaten zur Suppe geben.

18. Minute Die Suppe mit Salz, Pfeffer, Sojasauce und Sambal oelek würzen. Den Hühnertopf auf Tellern mit Limettenscheiben anrichten.

Pro Portion etwa 26 g E, 7 g F, 16 g KH = 245 kcal (1024 kJ)

Ungewöhnlich, exotisch, gut: Hühnertopf mit roten Linsen, Tomaten, Champignons und Limetten, verfeinert mit Sojasauce und Sambal oelek.

1. Suppen und Eintöpfe

Chili con carne

Zutaten Für 4 Portionen: 1 Gemüsezwiebel (400 g), 500 g Rinderhack, 2 El Öl, 1 rote und 1 grüne Paprikaschote, 1 Dose rote Bohnen (400 g), 1 Dose Tomaten (800 g), 1 Bund Schnittlauch, 1 Tüte Chili-con-carne-Gewürz (30 g), Salz, Pfeffer (a.d. Mühle)

1. Minute Die Zwiebel pellen, vierteln und quer in schmale Streifen schneiden.

4. Minute Das Fleisch im heißen Öl krümelig anbraten. Die Zwiebeln zugeben und glasig dünsten.

9. Minute Paprikaschoten putzen, waschen und in Stücke schneiden, zum Fleisch geben und zugedeckt 5 Minuten garen.

14. Minute Die Bohnen unter fließendem Wasser abspülen und mit den Tomaten zum Fleisch geben, offen 5 Minuten kochen lassen.

16. Minute Den Schnittlauch in Röllchen schneiden. Den Eintopf mit Chili-Gewürz, Salz und Pfeffer würzen und mit Schnittlauch bestreuen.

Pro Portion etwa 35 g E, 30 g F, 40 g KH = 573 kcal (2394 kJ)

Feurig muß Chili con carne schmecken – der Eintopf aus Hackfleisch, Zwiebeln, Paprika, roten Bohnen und scharfen Gewürzen.

2. Kurzgebratenes

Schweinemedaillons

Zutaten Für 4 Portionen: 800 g Schweinefilet, 2 Zwiebeln, 2 kleine Äpfel (ca. 250 g), 4 El Öl, Salz, Pfeffer (a.d. Mühle), 100 ml Brühe (Instant), 150 g Schlagsahne, 30 g Meerrettich (a.d. Packung), 2 El Weißwein, 1 El Schnittlauchröllchen

1. Minute Das Fleisch mit einem scharfen Messer in 12 Stücke schneiden und mit dem Messer auf den Schnittflächen etwas flachdrücken. Die Zwiebeln pellen und in Ringe schneiden.

5. Minute Die Äpfel waschen, abtrocknen und die Kerngehäuse entfernen. Die Äpfel erst in Scheiben, dann in Würfel schneiden.

7. Minute Die Fleischstücke im heißen Öl rundherum anbraten, mit Salz und Pfeffer würzen. Die Zwiebelringe zugeben und glasig dünsten. Dann die Apfelwürfel zugeben und kurz andünsten.

14. Minute Das Fleisch herausnehmen und warm stellen. Brühe, Sahne und Meerrettich zugeben, aufkochen lassen und mit Salz, Pfeffer und Weißwein würzen.

17. Minute Das Fleisch in die Sauce geben, nochmals 3 Minuten durchziehen lassen, mit Schnittlauch bestreuen.

Pro Portion etwa 4 g E, 46 g F, 11 g KH = 655 kcal (2738 kJ)

Zu den Schweinemedaillons mit süß-scharfer Apfel-Meerrettich-Sauce schmeckt Kartoffelpüree aus der Packung, das zubereitet wird, während die Sauce kocht.

2. Kurzgebratenes

Lammkoteletts

Zutaten Für 4 Portionen: 4 doppelte Lammkoteletts, Salz, Pfeffer (a.d. Mühle), 2 El Kräuter der Provence (getrocknet), 5 El Olivenöl, 2 Zwiebeln, 1 Bund Schnittlauch, 1 Bund glatte Petersilie, 1 bis 2 Knoblauchzehen, 2 Becher Sahnejoghurt (à 150 g)

1. Minute Die Fettkanten der Koteletts einritzen, das Fleisch von beiden Seiten salzen und pfeffern.

3. Minute Die getrockneten Kräuter mit 2 El Öl verrühren, die Koteletts damit von beiden Seiten einstreichen.

4. Minute Die Koteletts im restlichen Öl von jeder Seite 2 bis 3 Minuten anbraten. Die Zwiebeln würfeln, den Schnittlauch in Röllchen schneiden, die Petersilie hacken.

12. Minute Die Koteletts in Alufolie wickeln. Die Zwiebeln im Bratfett glasig dünsten. Den Knoblauch pellen, durchpressen und zugeben.

18. Minute Die Pfanne vom Herd nehmen und den Joghurt unterrühren. Die Kräuter zugeben, salzen und pfeffern. Fleisch aus der Folie wickeln, den Fleischsaft aus der Folie unter die Sauce rühren. Die Koteletts mit der Sauce anrichten.

Pro Portion etwa 21 g E, 61 g F, 6 g KH = 692 kcal (2895 kJ)

Aus der griechischen Küche: gebratene Lammkoteletts mit warmer Joghurtsauce. Dazu passen Tomatensalat, Baguette und Rotwein.

2. Kurzgebratenes

Rotzunge mit Spinat

Zutaten Für 4 Portionen: 2 Zwiebeln, 50 g Butter oder Margarine, 2 Pakete Blattspinat (TK, à 300 g), 2 Eier, 8 Rotzungenfilets (ca. 600 g), Salz, Pfeffer (a.d. Mühle), 30 g Mehl, 75 g Mandeln (gehobelt), 2 El Öl, 150 g Crème fraîche, Muskatnuß (frisch gerieben), 1 unbehandelte Zitrone

1. Minute Die Zwiebeln pellen, würfeln und in 30 g Butter oder Margarine glasig dünsten.

4. Minute Den Spinat tiefgefroren dazugeben und bei milder Hitze 15 Minuten dünsten. Die Eier verquirlen.

6. Minute Die Rotzungenfilets mit Salz und Pfeffer würzen, nacheinander in Mehl, verquirltem Ei und Mandeln wenden. Die Filets in Öl und der restlichen Butter oder Margarine 2 bis 3 Minuten von jeder Seite braten.

15. Minute Crème fraîche zum Spinat geben, aufkochen lassen und mit Salz, Pfeffer und Muskat würzen.

19. Minute Die Zitrone abwaschen und dünn abreiben. Den Spinat damit bestreuen und mit dem Fischfilet anrichten.

Pro Portion etwa 39 g E, 43 g F, 14 g KH = 627 kcal (2623 kJ)

Die Rotzungenfilets werden in einer Hülle aus Mehl, Ei und Mandeln goldbraun gebraten. Beilage: mit Crème fraîche verfeinerter Blattspinat.

2. Kurzgebratenes

Putenschnitzel

Zutaten Für 4 Portionen: 3 Zwiebeln, 1 Knoblauchzehe, 3 El Öl, 750 g Paprika, 4 Putenschnitzel (à 120 g), Salz, Pfeffer (a.d. Mühle), 30 g Mehl, 1 Ei, 75 g Paniermehl, 50 g Butter, 1 unbehandelte Zitrone, 1/2 Bund Basilikum

1. Minute Die Zwiebeln pellen, halbieren und längs in Spalten schneiden. Den Knoblauch pellen. Die Zwiebelspalten im heißen Öl glasig dünsten.

5. Minute Die Paprikaschoten vierteln, putzen und waschen. Die Paprikaviertel erst in Streifen, dann schräg in Stücke schneiden und zu den Zwiebeln geben. Den Knoblauch dazupressen, zugedeckt etwa 10 Minuten dünsten lassen.

9. Minute Die Schnitzel mit Salz und Pfeffer würzen, dann in Mehl, verquirltem Ei und Paniermehl wenden. Die Schnitzel in heißer Butter bei milder Hitze jeweils 3 bis 4 Minuten von jeder Seite braten.

12. Minute Von der Zitrone die Schale auf der Haushaltsreibe dünn abreiben. Die Zitrone auspressen. Die Basilikumblätter in Streifen schneiden, unter das Gemüse heben und mit Salz und Pfeffer würzen.

18. Minute Die Schnitzel mit Zitronensaft begießen und mit Zitronenschale bestreuen. Schnitzel mit dem Bratfett begießen und mit Paprikagemüse anrichten.

Pro Portion etwa 34 g E, 21 g F, 17 g KH = 410 kcal (1716 kJ)

Optisch und geschmacklich harmonieren zart gebratenes Putenschnitzel in würziger Zitronenbutter und grün-gelbes Paprikagemüse.

2. Kurzgebratenes

Putenröllchen

Zutaten Für 4 Portionen: 4 Putenrouladen (à 120 g), 4 Scheiben gekochter Schinken (à 30 g), 4 Salbeiblätter, Pfeffer (a.d. Mühle), 20 g Butterschmalz, 1/8 l Weißwein, 200 g Schlagsahne, 2 Tl Senf, 2 Tl Kapern, etwas braunes Saucenbindemittel

1. Minute Die Rouladen mit Schinken und Salbei belegen, mit Pfeffer würzen und aufrollen. Die Rouladen mit Holzstäbchen zusammenstecken.

4. Minute Butterschmalz in der Pfanne erhitzen, die Rouladen darin rundherum braun anbraten.

7. Minute Den Weißwein und die Sahne zugießen, alles in der geschlossenen Pfanne etwa 10 bis 12 Minuten schmoren.

18. Minute Die Putenröllchen aus der Pfanne nehmen und warm stellen. Senf und Kapern unter die Sauce rühren.

19. Minute Das Saucenbindemittel unterrühren und alles kurz aufkochen lassen. Die Sauce zu den Röllchen servieren.

Pro Portion etwa 34 g E, 29 g F, 4 g KH = 465 kcal (1946 kJ)

Putenrouladen, gefüllt mit Kochschinken und Salbei, in einer Senf-Kapern-Sauce.

2. Kurzgebratenes

Rinderfilet-Avocado-Toast

Zutaten Für 6 Portionen: 6 Filetsteaks (à 150 g), 3 El Öl, Salz, Pfeffer (a.d. Mühle), 2 Zwiebeln (ca. 120 g), 20 g Butter oder Margarine, 1 Avocado, 1 Tomate, 1 Kopf Römersalat (ca. 250 g), 200 g Crème fraîche, 1 El Saucenbindemittel, 20 g Kapern, 1 Tl Senf, 6 Scheiben Weizentoast

1. Minute Das Fleisch in das heiße Öl geben, salzen, pfeffern und von jeder Seite etwa 5 Minuten braten. Inzwischen die Zwiebeln in Ringe schneiden und in den letzten Minuten mit in die Pfanne geben.

11. Minute Das Fleisch aus der Pfanne nehmen, Butter oder Margarine zu den Zwiebeln geben. Die Zwiebeln goldbraun braten, aus der Pfanne nehmen.

13. Minute Avocado schälen, halbieren, den Stein entfernen. Das Fruchtfleisch in Spalten schneiden. Die Tomate achteln, den Salat waschen und trockenschleudern.

16. Minute Den Bratensatz mit Crème fraîche ablöschen. Das Saucenbindemittel unterrühren, alles einmal aufkochen lassen, mit Kapern, Senf, Salz und Pfeffer würzen.

18. Minute Das Fleisch in Scheiben schneiden. Die Toastscheiben mit Salatblättern, Fleisch, Avocadospalten, Tomatenspalten und Zwiebeln belegen und mit der Sauce übergießen.

Pro Portion etwa 33 g E, 34 g F, 16 g KH = 529 kcal (2218 kJ)

Toast ohne Schinken, Ananas und Käse? Aber natürlich! Interessanter schmeckt dieser Toast mit Rinderfilet, Avocado, Römersalat und Crème-fraîche-Kapern-Sauce.

2. Kurzgebratenes

Scaloppine al Limone

Zutaten Für 4 Portionen: 4 dünne Kalbsschnitzel (à 100 g), 8 bis 10 El Zitronensaft, 5 El Olivenöl, 2 Pakete Brokkoli (TK, à 300 g), Salz, Pfeffer (a.d. Mühle), 40 g Butter oder Margarine, 30 g Mandelblättchen

1. Minute Die Schnitzel halbieren, zwischen zwei Streifen Frischhaltefolie legen und mit den Handballen flachklopfen. Den Zitronensaft mit 3 El Olivenöl verrühren. Für den Brokkoli Salzwasser aufsetzen.

5. Minute Das Fleisch in eine Schale legen und mit der Marinade begießen. Den Brokkoli gefroren in das kochende Wasser geben und 6 Minuten bei milder Hitze kochen lassen.

12. Minute Brokkoli abgießen und abdecken. Das restliche Öl in einer Pfanne erhitzen, das Fleisch abtropfen lassen und im heißen Fett von jeder Seite kurz braten, mit Salz und Pfeffer würzen.

17. Minute Das Fleisch aus der Pfanne nehmen. Die restliche Marinade in die Pfanne geben, einmal aufkochen lassen, mit Salz und Pfeffer abschmecken.

18. Minute Butter oder Margarine mit Mandeln in einer zweiten Pfanne aufschäumen lassen, den Brokkoli darin schwenken. Die Kalbsschnitzel mit Sauce und Brokkoli anrichten.

Pro Portion etwa 27 g E, 27 g F, 6 g KH = 388 kcal (1621 kJ)

Das schmeckt nicht nur Italien-Fans: gebratene Kalbsschnitzel mit Zitronensauce und Brokkoli in Mandelbutter.

2. Kurzgebratenes

Leberrouladen

Zutaten Für 2-4 Portionen: 1 Apfel, 2 Tl Zitronensaft, 4 dünne Scheiben Kalbsleber, 2 Tl Kräuter der Provence, 1 Gemüsezwiebel (etwa 400 g), 2 El Mehl, 4 El Öl, 100 ml Schlagsahne, 1 Paket Erbsen (TK, 300 g), Salz, Pfeffer (a.d. Mühle)

1. Minute Den Apfel auf der Haushaltsreibe grob raspeln und mit Zitronensaft beträufeln. Die Leber mit 1 Tl der Kräuter bestreuen, mit den Apfelraspeln belegen, aufrollen und feststecken.

6. Minute Die Zwiebel pellen, halbieren und in Streifen schneiden. Die Rouladen in Mehl wenden.

8. Minute Die Rouladen im heißen Öl anbraten und herausnehmen. Die Zwiebeln im Öl anbraten, die restlichen Kräuter darüberstreuen, zugedeckt 8 Minuten dünsten.

12. Minute Inzwischen die Sahne aufkochen, die Erbsen hineingeben und zugedeckt 5 Minuten garen. Die Rouladen auf die Zwiebeln geben und mitdünsten, mit Salz und Pfeffer würzen.

17. Minute Die Erbsen mit dem Schneidstab des Handrührers pürieren, mit Salz und Pfeffer würzen. Die Rouladen mit dem Erbsenpüree servieren.

Pro Portion (bei 4 Portionen) etwa 25 g E, 22 g F, 29 g KH = 421 kcal (1763 kJ)

Die Kalbsleber-Rouladen sind mit grob geriebenem Apfel gefüllt und mit Kräutern der Provence gewürzt. Dazu schmecken gebratene Zwiebeln und Erbsen-Sahne-Püree.

2. Kurzgebratenes

Meerrettichschnitzel

Zutaten Für 4 Portionen: 4 Kalbsschnitzel (dünn), Salz, Pfeffer (a.d. Mühle), 50 g Meerrettich (a.d. Packung), 2 Eier, 130 g Paniermehl, 40 g Butterschmalz, 1 Kopfsalat, 1 Bund Schnittlauch, 200 g saure Sahne, 1 bis 2 El Zitronensaft, etwas Zucker, 4 Zitronenscheiben

1. Minute Die Schnitzel von beiden Seiten mit Salz und Pfeffer würzen und mit Meerrettich bestreichen.

7. Minute Die Eier verquirlen. Die Schnitzel durch die Eimasse ziehen, abtropfen lassen und von beiden Seiten in das Paniermehl drücken, überflüssige Brösel abklopfen.

10. Minute Das Butterschmalz erhitzen. Die Schnitzel bei mittlerer Hitze darin anbraten, wenden und bei milder Hitze weiterbraten.

12. Minute Den Salat putzen, waschen, trockenschleudern und quer in mundgerechte Stücke schneiden. Den Schnittlauch unter die saure Sahne rühren.

18. Minute Saure Sahne mit Zitronensaft, Salz, Pfeffer und Zucker würzen und über den Salat geben. Die Schnitzel mit Zitronenscheiben und Salat anrichten.

Pro Portion etwa 34 g E, 21 g F, 25 g KH = 446 kcal (1866 kJ)

Bevor diese Kalbsschnitzel paniert und gebraten werden, bestreicht man sie dünn mit Meerrettich, das dem Fleisch eine angenehme Schärfe verleiht.

2. Kurzgebratenes

Rumpsteaks

Zutaten Für 4 Portionen: 4 Rumpsteaks (à 160 g), 30 g Butterschmalz, 1 Tl Rosmarin, Salz, Pfeffer (a.d. Mühle), 2 Zwiebeln, 1 Tl Mehl, 50 g Paprikamark (a.d. Tube), 375 g Schlagsahne

1. Minute Die Steaks im heißen Butterschmalz von jeder Seite 2 bis 3 Minuten braten, mit Rosmarin würzen, salzen und pfeffern.

7. Minute Die Steaks aus der Pfanne nehmen und zusammen fest in Alufolie einwickeln.

8. Minute Die Zwiebeln pellen, in Ringe schneiden und im Bratfett braun anbraten. Das Mehl darüber stäuben und im Bratfett kurz anschwitzen.

13. Minute Das Paprikamark aus der Tube direkt in die Pfanne drücken, unter die Zwiebeln rühren und weiterdünsten.

17. Minute Die Sahne zugießen und 3 Minuten kräftig kochen lassen. Die Steaks auswickeln und mit Paprikarahm servieren.

Pro Portion etwa 33 g E, 52 g F, 7 g KH = 662 kcal (2771 kJ)

Die Steaks sollen nach dem Braten etwas ruhen, bis sich der Saft im Fleisch verteilt. Währenddessen bereitet man den Paprikarahm.

2. Kurzgebratenes

Gefülltes Schweinefilet

Zutaten Für 6 Portionen: 2 Zwiebeln (ca. 100 g), 750 g Schweinefilet, Salz, Pfeffer (a. d. Mühle), 1 Paket Kräuterfrischkäse (200 g), 1 Bund Basilikum, 30 g Butterschmalz, 1/8 l Weißwein, 1/8 l Brühe (Instant), 1 unbehandelte Zitrone

1. Minute Die Zwiebeln pellen, halbieren und in kleine Würfel schneiden.

3. Minute Das Fleisch erst quer in 6 gleich große Stücke schneiden, dann jedes längs auf-, aber nicht ganz durchschneiden, mit Salz und Pfeffer würzen.

6. Minute Auf die Innenseiten der Filetstücke die Hälfte des Frischkäses streichen, mit der Hälfte des Basilikums belegen und mit Holzstäbchen zustecken.

9. Minute Das Fleisch im heißen Butterschmalz rundherum braun anbraten, die Zwiebeln zugeben, mit Wein und Brühe ablöschen. Die Filets zugedeckt bei mittlerer Hitze 8 Minuten schmoren. Restliches Basilikum hacken, die Zitronenschale abreiben.

17. Minute Den restlichen Frischkäse zusammen mit der Zitronenschale in den Bratenfond rühren, nochmals aufkochen und restliches Basilikum zugeben, eventuell nachwürzen. Dazu paßt Baguette.

Pro Portion etwa 28 g E, 30 g F, 2 g KH = 429 kcal (1794 kJ)

Wenig Aufwand, großer Genuß: saftiges Schweinefilet, gefüllt mit Kräuterfrischkäse und Basilikum. Dazu paßt ein gekühlter Rosé.

2. Kurzgebratenes

Hamburger

Zutaten Für 4 Portionen: 500 g Tatar, 4 bis 6 El Mineralwasser, 1 Ei, 1 El Senf, Salz, Pfeffer (a.d. Mühle), 1 Zwiebel, 2 El Öl, 100 g Mayonnaise, 50 g Magermilchjoghurt, 1 Tl Zitronensaft, 20 g Kapern, 2 Tomaten, etwas grüner Salat, 100 g Salatgurke, 4 Sesambrötchen

1. Minute Tatar mit Mineralwasser, Ei, Senf, Salz, Pfeffer und der feingewürfelten Zwiebel zu einem glatten Teig kneten.

5. Minute Aus dem Teig vier Frikadellen formen und im heißen Öl von jeder Seite 3 Minuten braten.

8. Minute Die Mayonnaise mit Joghurt, Zitronensaft, Kapern, Salz und Pfeffer verrühren.

10. Minute Von den Tomaten die Stielansätze entfernen. Die Tomaten in Scheiben schneiden. Die Salatblätter waschen und trockentupfen. Die Gurke waschen und in Scheiben schneiden.

15. Minute Die Brötchen durchschneiden und die Hälften mit etwas Mayonnaise bestreichen, mit Salat, Frikadellen und Gurken belegen, mit restlicher Mayonnaise bestreichen.

Pro Portion etwa 34 g E, 33 g F, 25 g KH = 551 kcal (2306 kJ)

In diesen Hamburgern steckt alles – Geschmack, Biß und Vitamine: knusprige Sesambrötchen, gefüllt mit grünem Salat, Tatarfrikadelle, Tomaten, Gurke und Kapern-Mayonnaise.

3. Überbackenes

Kalbsmedaillons

Zutaten Für 6-8 Portionen: 8 Kalbsmedaillons (à 150 g), 4 El Öl, Salz, Pfeffer (a.d. Mühle), 4 Tomaten, 1/2 Salatgurke (200 g), 1 Bund Dill, 8 Scheiben gekochter Schinken (100 g), 8 Scheiben Gouda (à 20 g), 300 g Crème fraîche, 1 bis 2 Tl Senf

1. Minute Den Backofen auf 250 Grad (Gas 5-6, Umluft 6 bis 8 Minuten bei 250 Grad) vorheizen. Das Fleisch flachklopfen und im heißen Öl rundherum braun anbraten, mit Salz und Pfeffer würzen.

5. Minute Die Tomaten waschen, die Stielansätze herausschneiden, die Tomaten quer in Scheiben schneiden und entkernen.

8. Minute Die Gurke waschen und schräg in Scheiben schneiden. Den Dill hacken.

10. Minute Medaillons aus der Pfanne nehmen, auf ein Backblech legen und nacheinander mit Gurken, einer Hälfte Dill, Schinken, Tomaten und Käse belegen. Die Medaillons auf der 2. Einschubleiste von unten 6 bis 8 Minuten überbacken.

12. Minute Crème fraîche in den Bratensud rühren und 2 Minuten einkochen. Senf unterrühren, die Sauce über die Steaks gießen und mit restlichem Dill bestreuen.

Pro Portion (bei 8 Portionen) etwa 40 g E, 21 g F, 4 g KH = 380 kcal (1588 kJ)

Eine feine Sauce zu den
dick belegten Kalbsmedaillons:
der mit Crème fraîche und
Senf gewürzte Bratensud.

3. Überbackenes

Kalbssteaks

Zutaten Für 4-6 Portionen: 900 g Bratkartoffeln (TK), Fett für die Saftpfanne, Salz, Pfeffer (a.d. Mühle), 100 g Gouda, 500 g Crème fraîche, 1 Bund Schnittlauch, 1 Bund glatte Petersilie, 6 dünne Kalbssteaks, 20 g Butterschmalz

1. Minute Die gefrorenen Kartoffeln auf die gefettete Saftpfanne geben, mit Salz und Pfeffer würzen. Die Kartoffeln im vorgeheizten Backofen bei 250 Grad (Gas 5-6, Umluft 225 Grad) 10 Minuten auf der 2. Einschubleiste von unten braten.

2. Minute Den Käse grob raspeln und mit Crème fraîche verrühren. Den Schnittlauch in Röllchen schneiden, die Petersilie hacken.

6. Minute Kalbssteaks im heißen Butterschmalz von jeder Seite kurz anbraten, mit Salz und Pfeffer würzen, auf die Kartoffeln legen.

11. Minute Schnittlauchröllchen und gehackte Petersilie über die Kalbssteaks streuen.

12. Minute Die Käse-Crème-fraîche-Mischung darüber verteilen. Die Kalbssteaks im vorgeheizten Backofen bei 250 Grad (Gas 5-6, Umluft 225 Grad) 8 bis 10 Minuten überbacken.

Pro Portion (bei 6 Portionen) etwa 41 g E, 63 g F, 35 g KH = 898 kcal (3757 kJ)

Ein komplettes Gericht vom Blech: tiefgekühlte Bratkartoffeln und Kalbssteaks werden mit Käsesahne überbacken.

3. Überbackenes

Pfannkuchen-Pizza

Zutaten Für 4 Portionen: 100 g Mehl, 1/8 l Milch, 3 Eier, Salz, Pfeffer (a.d. Mühle), 3 El Öl, 2 Zwiebeln, 2 Knoblauchzehen, 250 g Tomatenpüree, 300 g Tomaten, 150 g Mozzarella, 100 g Salami, 85 g schwarze Oliven, 1 bis 2 Tl italienische Kräutermischung, 1 Bund Schnittlauch

1. Minute Den Backofen auf 225 Grad (Gas 4, Umluft 225 Grad) vorheizen. Das Mehl nach und nach mit Milch und Eiern verrühren, mit Salz und Pfeffer würzen. Das Backblech mit 1 El Öl bestreichen, den Teig daraufgießen und glattstreichen.

4. Minute Den Pfannkuchenteig 9 Minuten auf der 2. Einschubleiste von unten backen. Zwiebeln und Knoblauch pellen, würfeln und im restlichen Öl andünsten, dann das Tomatenpüree zugeben.

9. Minute Die Sauce mit Salz und Pfeffer würzen. Die Tomaten waschen und in Scheiben schneiden.

11. Minute Den Mozzarella würfeln. Die Tomatensauce auf dem Pfannkuchenteig verteilen.

13. Minute Salami, Tomaten, Mozzarella, Oliven und Kräuter darauf geben, 5 Minuten im Backofen backen, mit Schnittlauch bestreuen.

Pro Portion etwa 24 g E, 39 g F, 28 g KH = 580 kcal (2430 kJ)

Der schnelle Pfannkuchenteig ist das Außergewöhnliche an dieser Pizza: Er wird vorgebacken und erst danach belegt, damit der Teig aufgehen kann und nicht durchweicht.

3. Überbackenes

Rotbarschfilet mit Reis

Zutaten Für 4 Portionen: 250 g 8-Minuten-Reis, Salz, 30 g Butter oder Margarine, 30 g Mehl, 3 El Senf, 1/4 l Brühe, 1/4 l Schlagsahne, Pfeffer (a.d. Mühle), 1 bis 2 Tl Zucker, 3 Eigelb, Fett für die Form, 500 g Rotbarschfilet, 2 Tl Zitronensaft, 1 Bund Dill

1. Minute Den Reis in kochendes Salzwasser geben, zugedeckt bei milder Hitze 8 Minuten quellen lassen.

2. Minute Butter oder Margarine schmelzen lassen. Mehl und Senf darin anschwitzen. Die Brühe und Sahne zugießen, mit Salz, Pfeffer und Zucker würzen.

7. Minute Das Eigelb verquirlen und unter die Sahne ziehen, nicht mehr kochen lassen! Den Backofen auf 250 Grad (Gas 5-6, Umluft 225 Grad) vorheizen.

9. Minute Den abgetropften Reis in eine gefettete Auflaufform füllen. Den Fisch mit Salz, Pfeffer und Zitronensaft würzen, auf den Reis legen.

11. Minute Die Sauce darüber gießen. Den Fisch im vorgeheizten Backofen auf der 2. Einschubleiste von oben 8 Minuten überbacken, mit gehacktem Dill bestreuen.

Pro Portion etwa 33 g E, 37 g F, 60 g KH = 729 kcal (3053 kJ)

Was verbirgt sich unter der gebackenen Senf-Sahne-Sauce? Saftiges Rotbarschfilet auf körnigem Reis. Dazu paßt ein leichter, herber Weißwein.

3. Überbackenes

Mürbeteigpizza

Zutaten Für 6 Portionen: 200 g Mehl, 1 Ei, Salz, 1 Tl Paprikapulver (edelsüß), 100 g weiche Butter oder Margarine, 200 g gekochter Schinken, 1 Glas gefüllte grüne Oliven (85 g), 200 g mittelalter Gouda, Pfeffer (a.d. Mühle)

1. Minute Mehl, Ei, 2 El Wasser, Salz, Paprikapulver und Butter oder Margarine zu einem Teig verkneten.

3. Minute Den Teig auf ein Backblech drücken, mit einer Teigrolle glattrollen und im vorgeheizten Backofen bei 250 Grad (Gas 5-6; Umluft 5 Minuten bei 225 Grad) 5 Minuten auf der untersten Einschubleiste vorbacken.

5. Minute Den Schinken in Streifen, die Oliven in Scheiben schneiden, den Käse grob raspeln.

9. Minute Die Schinkenstreifen, Olivenscheiben und geraspelten Käse nacheinander auf dem Teig verteilen.

10. Minute Die Pizza mit Pfeffer würzen, dann auf der obersten Einschubleiste bei 250 Grad (Gas 5-6, Umluft 225 Grad) 9 Minuten backen.

Pro Portion etwa 20 g E, 32 g F, 26 g KH = 492 kcal (1547 kJ)

Direkt aus dem Ofen schmeckt die knusprige Mürbeteigpizza, mit Kochschinken, Oliven und Gouda belegt, am besten.

3. Überbackenes

Filetsteaks auf Rösti

Zutaten Für 6 Portionen: 2 Pakete Rösti, (TK, à 300 g), 80 g Butterschmalz, 700 g Tomaten, 6 Filetsteaks (à 125 g), Salz, Pfeffer (a.d. Mühle), 300 g Kräuterfrischkäse, 2 El Crème fraîche, 1 Bund Petersilie, 2 Zwiebeln

1. Minute Den Backofen auf 250 Grad (Gas 5-6, Umluft 6 bis 8 Minuten bei 250 Grad) vorheizen. Die Rösti unaufgetaut in einer Pfanne in 50 g Butterschmalz 4 Minuten von jeder Seite braten. Tomaten waschen, die Stielansätze entfernen, Tomaten in Scheiben schneiden.

9. Minute Rösti auf das Blech legen. Die Filets salzen, pfeffern und im restlichen Fett bei starker Hitze von jeder Seite 2 Minuten braten.

12. Minute Jeden Rösti mit 3 Tomatenscheiben belegen, die Filets darauflegen. Den Frischkäse mit Crème fraîche verrühren.

14. Minute Den Käse auf die Steaks verteilen und im Backofen auf der obersten Schiene 6 Minuten überbacken. Restliche Tomatenscheiben salzen und pfeffern. Die Hälfte der Petersilie hacken.

17. Minute Die Zwiebeln pellen, würfeln und über die Tomaten geben. Die gehackte Petersilie über die Steaks und die restlichen Tomaten streuen, Rösti mit Petersilienblättern garnieren.

Pro Portion etwa 33 g E, 27 g F, 25 g KH = 512 kcal (2148 kJ)

Einfach übereinandergestapelt: knusprig gebratene Rösti, Tomaten und Filetsteaks, mit Kräuterfrischkäse überbacken.

3. Überbackenes

Rosenkohlauflauf

Zutaten Für 4 Portionen: 2 Pakete Rosenkohl (TK, à 300 g), Salz, 250 g gekochter Schinken, 250 g mittelalter Gouda, 200 g Crème fraîche, Fett für die Form, 30 g gehobelte Haselnüsse

1. Minute Den Rosenkohl unaufgetaut in kochendes Salzwasser geben und 7 Minuten darin vorgaren.

2. Minute Den gekochten Schinken in feine Streifen schneiden.

5. Minute Den Käse grob raspeln, mit Crème fraîche verrühren.

8. Minute Den abgetropften Rosenkohl in eine feuerfeste, gefettete Form geben, die Schinkenstreifen darauf verteilen.

9. Minute Die Käse-Crème-fraîche-Mischung daraufsetzen und mit den Nüssen bestreuen. Den Rosenkohl im vorgeheizten Backofen bei 250 Grad (Gas 5-6, Umluft nicht geeignet) 10 Minuten auf der 2. Einschubleiste von unten überbacken.

Pro Portion etwa 35 g E, 45 g F, 16 g KH = 645 kcal (2697 kJ)

Der tiefgekühlte Rosenkohl wird vorgegart und dann mit Schinken, Käse, Crème fraîche und Nüssen im Backofen goldgelb überbacken.

3. Überbackenes

Kräuter-Rumpsteaks

Zutaten Für 8 Portionen: 100 g Kräuterbutter, 8 Rumpsteaks (à 150 g), Pfeffer (a.d. Mühle), 8 Tomaten (500 g), Salz, 1/2 Bund Thymian, 8 Scheiben Gouda (475 g), 1 Baguette

1. Minute 30 g Kräuterbutter in einer Pfanne zerlassen, die Steaks darin von jeder Seite 1 Minute braten, mit Pfeffer würzen.

7. Minute Die Steaks auf ein Backblech legen. Die Tomaten waschen, die Stielansätze entfernen. Tomaten in Scheiben schneiden, auf die Steaks legen, mit Salz, Pfeffer und Thymian würzen.

11. Minute Den Käse in Streifen schneiden, auf die Tomaten legen. Die Steaks im vorgeheizten Backofen bei 250 Grad (Gas 5-6, Umluft 225 Grad) auf der 2. Einschubleiste von unten 8 Minuten überbacken.

13. Minute Das Baguette mit einem Brotmesser schräg in 3 cm breite Scheiben schneiden. Die Hälfte der restlichen Kräuterbutter in einer Pfanne zerlassen.

18. Minute Das Brot hineinlegen, erst von einer, dann in der restlichen Butter von der anderen Seite rösten, zu den Steaks servieren.

Pro Portion etwa 56 g E, 44 g F, 32 g KH = 771 kcal (3224 kJ)

Während die Steaks – mit Tomaten, frischem Thymian und Gouda belegt – im Ofen überbacken, werden als Beilage die Baguettescheiben in Kräuterbutter geröstet.

3. Überbackenes

Blumenkohlgratin

Zutaten Für 4 Portionen: 1 Blumenkohl (ca. 750 g), Salz, 350 g Rinderhack, 2 El Öl, Pfeffer (a.d. Mühle), 3 Frühlingszwiebeln, 2 bis 3 El Tomatenmark, 200 ml Brühe (Instant), Cayennepfeffer, 200 g Raclettekäse, etwas Kerbel zum Garnieren

1. Minute Den Blumenkohl putzen, in Röschen teilen und in kochendem Salzwasser bißfest garen.

4. Minute Hackfleisch im heißen Öl krümelig anbraten, mit Salz und Pfeffer würzen. Frühlingszwiebeln putzen, in Ringe schneiden, zum Fleisch geben und kurz andünsten.

9. Minute Das Tomatenmark zugeben und kurz im Hackfleisch anschwitzen.

10. Minute Hackfleisch mit Brühe ablöschen und aufkochen lassen. Die Sauce mit Salz und Cayennepfeffer abschmecken. Den Käse in Streifen schneiden.

12. Minute Die Sauce in eine Auflaufform geben, Blumenkohlröschen darauf verteilen, mit Käsestreifen belegen und unter dem vorgeheizten Grill auf der 2. Einschubleiste von unten etwa 5 Minuten überbacken und mit Kerbel garnieren.

Pro Portion etwa 31 g E, 37 g F, 5 g KH = 481 kcal (2012 kJ)

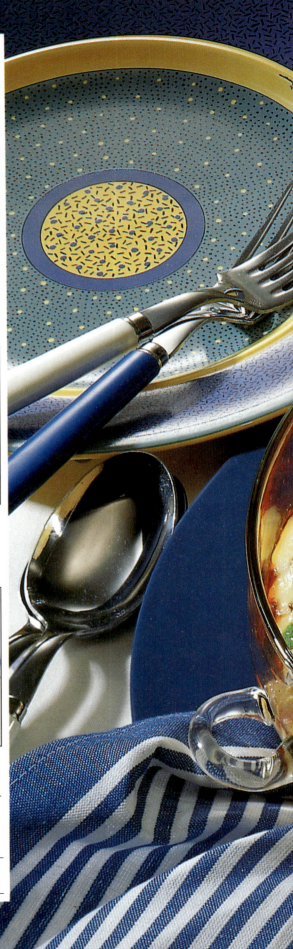

Die Blumenkohlröschen für das Gratin werden auf eine pikante Hackfleischsauce gebettet und mit Raclettekäse goldbraun überbacken.

3. Überbackenes

Appenzeller-Schnitten

Zutaten Für 2-4 Portionen: 30 g Butter oder Margarine, 1 Tl Senf (mittelscharf), 6 Scheiben Toastbrot, 8 Scheiben Appenzeller Käse (etwa 300 g), 3 Birnen (am besten Williams Christ), 6 Streifen Bacon (dän. Frühstücksspeck)

1. Minute Die Butter oder Margarine mit dem Senf verrühren und die Toastscheiben damit bestreichen.

3. Minute Jede Toastscheibe mit einer Scheibe Käse belegen. Die restlichen beiden Scheiben in Streifen schneiden.

5. Minute Die Birnen schälen und halbieren. Die Kerngehäuse entfernen, die Hälften in Scheiben schneiden und auf die Toasts legen.

9. Minute Die Käsestreifen auf den Birnenspalten verteilen.

10. Minute Den Bacon halbieren und quer auf die Toasts legen. Die Toasts im vorgeheizten Backofen bei 250 Grad (Gas 5-6; Umluft 10-12 Minuten bei 250 Grad) auf der 2. Einschubleiste von unten 12 Minuten backen.

Pro Portion (bei 4 Portionen) etwa 23 g E, 36 g F, 21 g KH = 527 kcal (2206 kJ)

Der Toast wird mit Appenzeller Käse, Birnen und Frühstücksspeck belegt – eine geglückte Kombination aus süß und salzig.

4. Geschnetzeltes

Currygeschnetzeltes

Zutaten Für 4 Portionen: 30 g getrocknete Datteln, 250 g Zucchini, 250 g Champignons, 6 El Öl, 600 g Rumpsteak, Salz, Pfeffer (a.d. Mühle), 250 g 8-Minuten-Reis, 1 bis 2 El Curry, 1/8 l Weißwein, 200 g Crème fraîche, 2 bis 3 El helles Saucenbindemittel

1. Minute Die Datteln entsteinen und in Streifen schneiden. Zucchini und Champignons waschen und putzen. Zucchini in Streifen schneiden, die Champignons halbieren. Beides in 3 El heißem Öl anbraten, aus der Pfanne nehmen.

8. Minute Das Fleisch in Streifen schneiden, im restlichen Öl rundherum anbraten und mit Salz und Pfeffer würzen. Den Reis ins kochende Salzwasser geben und 8 Minuten quellen lassen.

14. Minute Das Fleisch mit Curry bestäuben, kurz anschwitzen und mit Weißwein und Crème fraîche ablöschen.

16. Minute Die Champignons und Zucchinistreifen in die Sauce geben, alles aufkochen lassen, gelegentlich umrühren.

18. Minute Das Saucenbindemittel einstreuen und nochmals aufkochen lassen. Die Datteln unter den Reis mischen und dazu servieren.

Pro Portion etwa 39 g E, 46 g F, 60 g KH = 863 kcal (3611 kJ)

Ein süßer Dattelreis schmeckt zum Currygeschnetzelten mit Zucchini und Champignons besonders gut.

4. Geschnetzeltes

Chinapfanne

Zutaten Für 4 Portionen: 1 Dose Ananas (400 g), 1 Dose Bambussprossen (300 g), 500 g Rumpsteak, 1 Bund Frühlingszwiebeln, 3 El Öl, 1 El Speisestärke, 1 bis 2 El Zitronensaft, 5 bis 6 El Sojasauce, 30 g Kokosflocken, 250 g Glasnudeln, Salz, Pfeffer (a.d. Mühle), Sambal oelek

1. Minute Ananas und Bambussprossen in einem Sieb abtropfen lassen. Vom Ananassaft 1/8 l beiseite stellen. Das Fleisch in Streifen schneiden.

6. Minute Die Bambussprossen in Streifen, Ananas in Stücke schneiden. Frühlingszwiebeln putzen, waschen, schräg in Ringe schneiden.

12. Minute Das Fleisch bei starker Hitze im heißen Öl schnell anbraten. Ananas und Bambussprossen zugeben, mit Ananassaft ablöschen.

14. Minute Die Speisestärke mit Zitronensaft und Sojasauce verrühren, in die Pfanne geben und aufkochen lassen. Die Kokosflocken ohne Fett in einer Pfanne goldbraun rösten.

16. Minute Die Nudeln zerschneiden und mit kochendem Salzwasser begießen. Frühlingszwiebeln in die Pfanne geben, mit Salz, Pfeffer und Sambal oelek würzen, mit Kokosflocken bestreuen und mit den Glasnudeln servieren.

Pro Portion etwa 31 g E, 26 g F, 81 g KH = 698 kcal (2919 kJ)

In der chinesischen Küche werden Fleisch und Gemüse nur kurz gebraten oder gedünstet. Deshalb: Rinderfilet, Bambussprossen, Frühlingszwiebeln und Ananas in kleine Stücke schneiden, damit sie schnell gar werden.

4. Geschnetzeltes

Leber mit Estragonsauce

Zutaten Für 4 Portionen: 750 g Rinderleber, 2 Zwiebeln, 20 g Butterschmalz, Salz, Pfeffer (a.d. Mühle), 1/4 l Brühe (Instant), 1/8 l Schlagsahne, 1 bis 2 El dunkles Saucenbindemittel, 1/2 Bund Estragon (oder 1 Tl getrocknet), 4 El Weißwein

1. Minute Die Leber in Streifen schneiden. Die Zwiebeln pellen, halbieren und quer in Spalten schneiden. Butterschmalz erhitzen. Die Leber rundherum darin anbraten. Zwiebeln zugeben und glasig dünsten.

9. Minute Das Geschnetzelte mit Salz und Pfeffer würzen.

10. Minute Die Brühe und die Schlagsahne zugießen, einmal kurz aufkochen lassen.

12. Minute Das Saucenbindemittel einstreuen, nochmals kurz aufkochen lassen, dabei umrühren.

15. Minute Das Geschnetzelte mit gehacktem Estragon, Salz, Pfeffer und Weißwein würzen.

Pro Portion etwa 36 g E, 21 g F, 14 g KH = 400 kcal (1674 kJ)

Leber einmal ganz anders: geschnetzelt in Sahnesauce gegart und mit reichlich Estragon gewürzt. Als Beilage schmecken Spätzle, als Getränk paßt ein leichter Weißwein.

4. Geschnetzeltes

Entenbrust mit Koriander

Zutaten Für 2–4 Portionen: 500 g Porree, 350 g reife Tomaten, Salz, 2 Entenbrüste (à 250 g), 2 Beutel 8-Minuten-Reis, Pfeffer (a.d. Mühle), Koriander (gemahlen), 200 ml Hühnerbrühe (Instant), 1 bis 2 El Speisestärke, 4 El Rotwein

1. Minute Den Porree putzen und in Ringe schneiden. Die Tomaten waschen und in Spalten schneiden, dabei die Stielansätze entfernen.

6. Minute Salzwasser für den Reis zum Kochen bringen. Die Entenbrüste häuten und in dünne Streifen schneiden, etwa 20 g Haut fein würfeln.

11. Minute Den Reis in das kochende Wasser geben und 8 Minuten bei milder Hitze quellen lassen.

12. Minute Die gewürfelte Haut in einer Pfanne ausbraten. Das Fleisch in dem Fett rundherum anbraten, mit Salz, Pfeffer und Koriander würzen. Den Porree zugeben, mit Brühe ablöschen, aufkochen lassen.

18. Minute Die Stärke mit Rotwein verrühren und zum Fleisch geben, aufkochen lassen. Die Tomaten zugeben, mit Salz und Pfeffer nachwürzen. Geschnetzeltes mit Reis servieren.

Pro Portion (bei 2 Portionen) etwa 55 g E, 45 g F, 63 g KH = 925 kcal (3872 kJ)

Knusprig-würzig: Das Fleisch wird im ausgelassenen Fett der Ente kroß gebraten, die Sauce mit Rotwein abgeschmeckt.

4. Geschnetzeltes

Bœuf Stroganoff

Zutaten Für 4 Portionen: 600 g Rinderfilet, 4 El Öl, Salz, Pfeffer (a.d. Mühle), 2 Zwiebeln, 1/8 l Brühe (Instant), 1 Dose Champignons (230 g Einwaage), 150 g Gewürzgurken, 150 g rote Bete (a.d. Glas), 200 g Crème fraîche, 2 bis 3 El dunkles Saucenbindemittel

1. Minute Das Rinderfilet zuerst in Scheiben, dann in Streifen schneiden. Das Fleisch portionsweise im heißen Öl kurz anbraten, aus der Pfanne nehmen, mit Salz und Pfeffer würzen.

11. Minute Die Zwiebeln pellen, halbieren und in Ringe schneiden. Die Zwiebelringe im heißen Bratfett glasig dünsten, mit der Brühe ablöschen.

13. Minute Die Champignons abgetropft dazugeben und kurz andünsten. Gewürzgurken in Streifen, rote Bete in Viertel schneiden.

15. Minute Crème fraîche zugeben und zum Kochen bringen. Das Saucenbindemittel einstreuen, nochmals aufkochen lassen, mit Salz und Pfeffer würzen.

18. Minute Fleisch, Gurken und rote Bete in die Sauce geben, kurz heiß werden lassen und sofort servieren.

Pro Portion etwa 33 g E, 32 g F, 14 g KH = 492 kcal (2063 kJ)

Zum Bœuf Stroganoff mit Champignons, Gewürzgurken und roter Bete passen Nudeln und ein leichter, trockener Rotwein.

4. Geschnetzeltes

Reispfanne

Zutaten Für 4 Portionen: 500 g Schweineschnitzel, 1 rote und 1 gelbe Paprikaschote, 250 g Porree, 2 Zwiebeln, 30 g Butterschmalz, Salz, Pfeffer (a.d. Mühle), 3/4 l Brühe (Instant), 250 g 5-Minuten-Reis, 300 g Erbsen (TK), Paprikapulver (edelsüß)

1. Minute Das Schweinefleisch mit einem scharfen Messer in fingerdicke Streifen schneiden.

3. Minute Die Paprikaschoten putzen, waschen und würfeln. Porree putzen, waschen und in Ringe schneiden. Die Zwiebeln pellen und würfeln.

9. Minute Das Fleisch im heißen Butterschmalz anbraten, salzen und pfeffern. Das Gemüse zugeben, kurz andünsten und mit der Brühe ablöschen.

13. Minute Den Reis dazugeben, gut unterrühren und in der offenen Pfanne quellen lassen.

17. Minute Die Erbsen in die Pfanne geben, heiß werden lassen, mit Salz, Pfeffer und Paprika würzen.

Pro Portion etwa 38 g E, 19 g F, 67 g KH = 621 kcal (2602 kJ)

Für diese Reispfanne wird der Reis gleich zusammen mit dem Fleisch und dem Gemüse gegart.

4. Geschnetzeltes

Schweinefilet mit Curry

Zutaten Für 4 Portionen: 600 g Schweinefilet, 1 kleine Dose Aprikosen (420 g), 3 Frühlingszwiebeln, 4 El Öl, Salz, Pfeffer (a.d. Mühle), 1 bis 2 Tl Curry, 1/4 l Hühnerbrühe, 1 Beutel 8-Minuten-Reis, 2 bis 3 El Sojasauce, Zucker, 2 bis 3 El helles Saucenbindemittel, 20 g Butter oder Margarine, 150 g Erbsen (TK)

1. Minute Das Schweinefilet zuerst in Scheiben, dann in Streifen schneiden. Die Aprikosen abtropfen lassen, den Saft dabei auffangen, die Früchte einmal durchschneiden.

4. Minute Die Frühlingszwiebeln waschen, putzen und schräg in Ringe schneiden.

7. Minute Das Fleisch im heißen Öl kurz anbraten, herausnehmen, salzen und pfeffern. Dann Curry und Frühlingszwiebeln im Bratfond andünsten und Brühe zugießen.

12. Minute Den Reis nach Packungsanweisung garen. Die Sauce mit Sojasauce, Salz, Pfeffer und Zucker würzen, aufkochen lassen und mit Saucenbindemittel verrühren. Fleisch und Aprikosen zugeben.

16. Minute Butter oder Margarine im Topf schmelzen, die Erbsen zugedeckt 4 Minuten darin dünsten. Den Reis zugeben, mit Salz und Zucker würzen, zum Fleisch servieren.

Pro Portion etwa 35 g E, 33 g F, 52 g KH = 669 kcal (2798 kJ)

Curry harmoniert mit Fleisch, Gemüsen und Früchten gleichermaßen. Und weil das so ist, werden in diesem Pfannengericht Schweinefilet, Frühlingszwiebeln und Aprikosen zusammen zubereitet.

4. Geschnetzeltes

Wurstpfanne

Zutaten Für 4 Portionen: 6 Schinkenwürstchen, 1/2 Gemüsezwiebel, 2 El Öl, 2 Dosen Flageolets (grüne Bohnenkerne, à 400 g), 200 g Crème fraîche, Salz, Pfeffer (a.d. Mühle), 1 Bund glatte Petersilie

1. Minute Die Würste schräg in Stücke schneiden. Die Zwiebel pellen und in Scheiben schneiden. Die Würste im heißen Öl anbraten.

7. Minute Die Zwiebelscheiben zugeben und bei mittlerer Hitze 5 Minuten anbraten. Die Bohnenkerne in einem Sieb abspülen und abtropfen lassen.

12. Minute Die abgetropften Flageolets in die Pfanne geben und gleichmäßig andünsten, gelegentlich umrühren.

13. Minute Die Crème fraîche zugeben und erhitzen, alles aufkochen lassen und mit Salz und Pfeffer würzen.

15. Minute Die Petersilie hacken und unter die Wurstpfanne heben.

Pro Portion etwa 40 g E, 63 g F, 66 g KH = 1019 kcal (4305 kJ)

Deftige Hausmannskost aus der Pfanne: Schinkenwürstchen mit Zwiebeln und grünen Bohnenkernen. Dazu ißt man Baguette und trinkt Bier oder einen kräftigen, roten Landwein.

4. Geschnetzeltes

Serbisches Reisfleisch

Zutaten Für 4-6 Portionen: 400 g Rinderfilet, 2 Zwiebeln, 1 rote und 1 grüne Paprikaschote, 3 El Öl, 1/8 l Brühe (Instant), 250 g 5-Minuten-Reis, Salz, 200 g Tomaten, 150 g Erbsen (TK), 1/8 l Tomatensaft, 6 El Chilisauce, Cayennepfeffer, Zucker

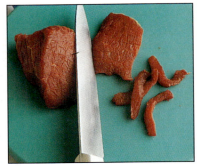

1. Minute Das Rinderfilet zuerst in Scheiben, dann in Streifen schneiden. Die Zwiebeln pellen und würfeln.

6. Minute Die Paprikaschoten zerteilen und waschen, dann in feine Streifen schneiden.

11. Minute Die Filetstreifen und Zwiebelwürfel im Öl scharf anbraten. Paprika zugeben und mit der Brühe ablöschen, in der geschlossenen Pfanne etwa 5 Minuten garen.

13. Minute Den Reis in kochendes Salzwasser geben und 5 Minuten quellen lassen. Die Tomaten in Spalten schneiden, die Stielansätze entfernen.

18. Minute Den Reis in die Pfanne geben und untermischen. Erbsen, Tomatenspalten und Tomatensaft zugeben, mit Chilisauce, Salz, Cayennepfeffer und Zucker pikant abschmecken.

Pro Portion (bei 6 Portionen) etwa 24 g E, 22 g F, 3 g KH = 320 kcal (4341 kJ)

Für Leute, die es scharf mögen: Rinderfilet mit Paprika, Erbsen und Reis, mit Chilisauce und Cayennepfeffer gewürzt.

5. Gemüse- und Kartoffelgerichte

Thymian-Omelett

Zutaten Für 4 Portionen: 1 Paket Brechbohnen (TK, 300 g), Salz, 150 g Bacon (dän. Frühstücksspeck), 8 Eier, 1/8 l Milch, Pfeffer (a.d. Mühle), 1 Bund Schnittlauch, 1 Bund Thymian, 4 Tomaten, 40 g Butter oder Margarine, 250 g Frühlingsquark

1. Minute Die Bohnen in Salzwasser 10 Minuten im geschlossenen Topf kochen. 4 Scheiben Bacon in einer Pfanne knusprig ausbraten, aus der Pfanne nehmen.

4. Minute Den restlichen Bacon würfeln und im Speckfett ausbraten. Eier mit Milch, Salz und Pfeffer verquirlen.

8. Minute Schnittlauch in Röllchen schneiden. Thymian von den Stielen zupfen, beides unter die Eiermilch rühren.

10. Minute Die Tomaten in Scheiben schneiden. Die Bohnen aus dem Wasser nehmen und abtropfen lassen, mit den Speckwürfeln mischen.

12. Minute Aus der Eiermilch 2 Omeletts in je 20 g Fett braten. Omeletts mit Bohnen füllen, zusammenklappen und quer durchschneiden. Omeletts mit Tomaten, Speckscheiben und Quark servieren.

Pro Portion etwa 28 g E, 54 g F, 11 g KH = 674 kcal (2823 kJ)

Das Thymian-Omelett wird mit Bohnen gefüllt und mit Bacon, Quark und Tomaten serviert. Dazu paßt kräftiges Bauernbrot.

5. Gemüse- und Kartoffelgerichte

Eiersalat mit Käse

Zutaten Für 6 Portionen: 10 Eier, 150 g Erbsen (TK), Salz, 150 g Gouda, 200 g gekochter Schinken, 1 Bund Schnittlauch, 1 kleiner Eisbergsalat, 95 g Cornichons, 1/8 l Schlagsahne, 100 g Crème fraîche, 3 El Senf, Pfeffer (a.d. Mühle), 1 Prise Zucker, 1 El Kapern

1. Minute Die Eier anstechen und 9 Minuten in Wasser kochen. Die Erbsen in 1/2 l kochendem Salzwasser etwa 2 Minuten blanchieren.

3. Minute Den Käse und den Schinken in ungefähr 3 cm lange dünne Streifen schneiden. Den Schnittlauch in Röllchen schneiden.

10. Minute Den Eisbergsalat halbieren und in Würfel schneiden. Den Salat kurz in stehendem Wasser waschen, trockenschleudern.

13. Minute Die Eier pellen und mit dem Eierschneider in Scheiben schneiden. Alle vorbereiteten Zutaten, bis auf 1/2 El Schnittlauch, mischen. Cornichons vierteln und in Scheiben schneiden. Die Sahne steif schlagen. Crème fraîche mit Senf, Salz, Pfeffer und Zucker würzen.

19. Minute Die Sahne unter die Crème fraîche heben. Die Cornichons und Kapern unterrühren, über den Salat geben und mit restlichem Schnittlauch bestreuen.

Pro Portion etwa 28 g E, 33 g F, 7 g KH = 460 kcal (1927 kJ)

Der Eiersalat mit Schinken, Käse und Eisbergsalat wird mit einer cremigen Senfsahne angemacht, ideal als leichtes Mittag- oder schnelles Abendessen. Dazu paßt Weißwein.

5. Gemüse- und Kartoffelgerichte

Bohnen in Kräutersahne

Zutaten Für 4 Portionen: 500 g kleine neue Kartoffeln, 400 g Schneidebohnen, 20 g Butter oder Margarine, 1/4 l Brühe (Instant), 1/8 l Schlagsahne, 1 Bund Schnittlauch, 1 Bund glatte Petersilie, 2 bis 3 El helles Saucenbindemittel, Salz, Pfeffer (a.d. Mühle), 250 g Katenschinken (in Scheiben)

1. Minute Die Kartoffeln unter kaltem Wasser abbürsten und mit der Schale gar kochen. Die Bohnen putzen und waschen.

6. Minute Die Bohnen schräg in Stücke schneiden und in der zerlassenen Butter oder Margarine andünsten.

12. Minute Die Brühe und die Sahne nacheinander zu den Bohnen gießen, ungefähr 6 Minuten im geschlossenen Topf kochen.

13. Minute Den Schnittlauch in Röllchen schneiden. Die Petersilienblätter von den Stielen zupfen und hacken.

18. Minute Die Bohnen aufkochen und mit Saucenbindemittel binden. Die Kräuter zugeben, salzen und pfeffern. Die Bohnen mit Pellkartoffeln und Katenschinken servieren.

Pro Portion etwa 17 g E, 36 g F, 29 g KH = 522 kcal (2184 kJ)

Das schmeckt nach Frühsommer: Schneidebohnen in Kräutersahne mit jungen Pellkartoffeln, Katenschinken – und Bier.

5. Gemüse- und Kartoffelgerichte

Tortilla mit Paprika

Zutaten Für 4 Portionen: 1 grüne Paprikaschote, 1 Gemüsezwiebel, 400 g Tomaten, 1 Bund glatte Petersilie, 30 g Butter oder Margarine, 8 Eier, Salz, Pfeffer (a.d. Mühle)

1. Minute Die Paprika vierteln, putzen, waschen und quer in Streifen schneiden. Die Zwiebel pellen, vierteln und in Streifen schneiden. Die Tomaten waschen und von den Blütenansätzen befreien. Die Petersilie von den Stielen zupfen und hacken.

8. Minute Die Butter oder Margarine in einer Pfanne erhitzen. Die Zwiebelstreifen im Fett glasig dünsten. Paprikastreifen zugeben und andünsten.

10. Minute Die Tomaten achteln und zum Gemüse in die Pfanne geben.

11. Minute Die Eier mit 8 El kaltem Wasser verquirlen, mit Salz und Pfeffer würzen und über das Gemüse gießen.

12. Minute Die Tortilla mit der gehackten Petersilie bestreuen und in der geschlossenen Pfanne bei milder Hitze 8 Minuten stocken lassen.

Pro Portion etwa 16 g E, 18 g F, 14 g KH = 290 kcal (1213 kJ)

Das Lieblingsgericht der Spanier ist die Tortilla – ein würziges Omelett mit verschiedenen Gemüsen.

5. Gemüse- und Kartoffelgerichte

Gefüllte Avocados

Zutaten Für 4 Portionen: 2 Avocados, 3 El Zitronensaft, 1 Bund Dill, 250 g Salatmayonnaise, 1 Vollmilchjoghurt, Salz, Pfeffer (a.d. Mühle), 1/2 Salatgurke (300 g), 200 g Nordseekrabben

1. Minute Avocados halbieren, die Kerne entfernen. Die Avocadohälften mit insgesamt 1 El Zitronensaft beträufeln.

3. Minute Dill von den Stielen zupfen und hacken. Mayonnaise mit Joghurt, restlichem Zitronensaft, Salz, Pfeffer und Dill verrühren.

7. Minute Die Salatgurke schälen und längs halbieren. Die Kerne mit einem Teelöffel herauskratzen. Die Gurke längs vierteln und in Stücke schneiden.

10. Minute Die Nordseekrabben und die Gurkenstücke in die gewürzte Mayonnaise geben, alles gut miteinander vermischen.

12. Minute Krabben-Gurken-Salat in die Avocados füllen, nach Belieben mit etwas Dill garnieren.

Pro Portion etwa 23 g E, 29 g F, 30 g KH = 483 kcal (2024 kJ)

Sie schmecken als Vorspeise oder als Abendimbiß: mit Krabbensalat gefüllte Avocados. Daß die birnenförmige Frucht schnell satt macht, liegt daran, daß sie die fettreichste Gemüsesorte ist, die es gibt: etwa 30 Gramm pro Frucht.

5. Gemüse- und Kartoffelgerichte

Nudeln mit Gemüsesauce

Zutaten Für 6 Portionen: 50 g Butter oder Margarine, 2 Pakete Suppengemüse (TK, à 300 g), 1 El Curry, 1/8 l Brühe (Instant), 500 g weiße Bandnudeln, Salz, 2 Pakete Tomatenpüree (à 500 g), Pfeffer (a.d. Mühle), 1 Bund Schnittlauch

1. Minute 20 g Butter oder Margarine in einem breiten Topf schmelzen. Tiefgefrorenes Gemüse zugeben und andünsten. In der 4. Minute den Curry über das Gemüse streuen und anschwitzen.

6. Minute Das Gemüse mit der Brühe ablöschen und zugedeckt bei milder Hitze 8 Minuten dünsten. Inzwischen die Nudeln nach Packungsanweisung in reichlich Salzwasser kochen.

14. Minute Das Tomatenpüree zum Gemüse geben und offen weiterkochen, mit Salz und Pfeffer würzen.

16. Minute Den Schnittlauch in Röllchen schneiden und unter die Gemüsesauce mischen. Die Nudeln abtropfen lassen.

18. Minute Die restliche Butter oder Margarine unter die Nudeln mischen und mit der Gemüsesauce servieren.

Pro Portion etwa 15 g E, 10 g F, 74 g KH = 462 kcal (1933 kJ)

Schneller geht's nicht:
Die Sauce ist im Handumdrehen
fertig, weil sie mit tiefgefrorenem
Gemüse zubereitet wird. Und die
Nudeln kochen sowieso fast von allein.

5. Gemüse- und Kartoffelgerichte

Bauernfrühstück

Zutaten Für 2 Portionen: Salz, 500 g Kartoffeln, 3 El Öl, 3 Zwiebeln, 150 g Würfelschinken, Pfeffer (a.d. Mühle), 6 Eier, 1 Bund Schnittlauch, 2 Gewürzgurken

1. Minute 1/2 l Salzwasser zum Kochen bringen. Die Kartoffeln schälen, waschen, in Scheiben schneiden und ins kochende Wasser geben.

5. Minute Öl in einer Pfanne erhitzen. Die Zwiebeln pellen, halbieren, in halbe Ringe schneiden und im Öl anbraten. Den Würfelschinken zugeben.

10. Minute Die Kartoffeln abgießen und zur Zwiebelmasse geben, mit Salz und Pfeffer würzen.

12. Minute Eier verquirlen und mit Salz und Pfeffer würzen. Den Schnittlauch in Röllchen schneiden und zu den Eiern geben. Gewürzgurken in Scheiben schneiden.

16. Minute Die Eier zu den Kartoffeln geben und stocken lassen. Die Gewürzgurken darauf verteilen.

Pro Portion etwa 38 g E, 57 g F, 37 g KH = 856 kcal (3581 kJ)

Steht auf fast jeder Speisekarte, schmeckt aber am besten selbstgemacht: Bauernfrühstück mit Eiern, Kartoffeln und Schinken. Dazu paßt Bier.

5. Gemüse- und Kartoffelgerichte

Labskaus

Zutaten Für 4 Portionen: 350 g Corned beef, 100 ml Brühe (Instant), 4 Zwiebeln, 2 El Öl, 1 Tasse Kartoffelpüreepulver (ca. 50 g), Salz, Pfeffer, Muskatnuß (gerieben), 60 g Butter oder Margarine, 4 Eier, 4 Rollmöpse, 200 g Rote-Bete-Kugeln (a.d. Glas), 4 Gewürzgurken

1. Minute Corned beef würfeln und mit der Brühe unter Rühren 5 Minuten kochen.

Das Seemannsgericht ist eine typisch norddeutsche Spezialität: Für Labskaus vermengt man Corned beef und Kartoffelpüree und serviert es traditionell mit Spiegelei, Rollmops, Gewürzgurke und roter Bete.

3. Minute Zwiebeln pellen, in Ringe schneiden und im Öl goldbraun rösten.

6. Minute Das Püreepulver in zwei Tassen kochend heißes Wasser rühren, mit Salz, Pfeffer und Muskatnuß würzen.

9. Minute 20 g Butter oder Margarine unter das Püree rühren. Kartoffelpüree kräftig mit dem Schneebesen durchrühren. Die Eier in der restlichen Butter oder Margarine braten.

15. Minute Corned beef und Kartoffelpüree in einem Topf verrühren und heiß werden lassen, eventuell nachwürzen. Das Labskaus mit Spiegeleiern, Zwiebelringen, Rollmöpsen, roter Bete und Gewürzgurken servieren.

Pro Portion etwa 38 g E, 38 g F, 8 g KH = 596 kcal (2495 kJ)

5. Gemüse- und Kartoffelgerichte

Ratatouille

Zutaten Für 4 Portionen: 1 Gemüsezwiebel (400 g), 5 El Öl, 1 rote und 1 gelbe Paprikaschote, 1 Aubergine (300 g), 300 g Zucchini, 1 Dose geschälte Tomaten (800 g), 1/8 l Brühe (Instant), Salz, Pfeffer (a.d. Mühle), 1 bis 2 El Zucker, 1 Bund Thymian, 1 Bund glatte Petersilie, 40 g Parmesan (gerieben)

1. Minute Die Zwiebel pellen, halbieren, quer in dünne Scheiben schneiden und im heißen Öl glasig dünsten.

5. Minute Paprikaschoten und Aubergine putzen und waschen. Paprika würfeln, Aubergine längs vierteln und in Scheiben schneiden. Beides zu den Zwiebelscheiben geben und 5 Minuten dünsten lassen.

10. Minute Die Zucchini putzen, waschen, längs halbieren, in Scheiben schneiden und zum Gemüse geben.

12. Minute Die Tomaten mit Saft und der Brühe zugeben. Gemüse mit Salz, Pfeffer und Zucker würzen, zugedeckt 7 Minuten dünsten.

20. Minute Die Kräuter fein hacken und unter das Gemüse heben. Ratatouille mit Parmesan servieren.

Pro Portion etwa 10 g E, 19 g F, 31 g KH = 345 kcal (1443 kJ)

Ratatouille ist eine südfranzösische Spezialität: Die schönsten Sommergemüse wie Tomaten, Paprika, Zucchini und Auberginen werden zusammen in einer Pfanne gedünstet. Dazu paßt frisches Baguette.

5. Gemüse- und Kartoffelgerichte

Eier in Senfsauce

Zutaten Für 4 Portionen: 8 Eier, 220 g Senfgurken (a.d. Glas), 30 g Butter oder Margarine, 20 g Mehl, 2 bis 3 El mittelscharfer Senf, 1/4 l Brühe (Instant), 1/8 l Schlagsahne, Salz, Pfeffer (a.d. Mühle), Zucker, 1 Bund Schnittlauch

1. Minute Die Eier auf der runden Seite anstechen und 8 Minuten in Wasser kochen. Senfgurken in einem Sieb abtropfen lassen. Gurkenessig dabei auffangen.

4. Minute Die Butter oder Margarine schmelzen. Das Mehl unter Rühren darin anschwitzen. Den Senf unterrühren und anschwitzen.

6. Minute Die Brühe und 1/8 l Gurkenessig unter Rühren langsam zugießen und aufkochen lassen. Die Sahne unter Rühren zugießen. Die Sauce 10 Minuten bei milder Hitze kochen lassen.

9. Minute Die Eier kalt abschrecken, pellen, vorsichtig halbieren und zugedeckt beiseite stellen. Die Gurken würfeln, in die Sauce geben und mit Salz, Pfeffer und Zucker würzen.

17. Minute Den Schnittlauch in Röllchen schneiden. Die Eier mit Sauce und Kartoffelpüree anrichten.

Pro Portion etwa 16 g E, 28 g F, 8 g KH = 368 kcal (1540 kJ)

So einfach, so gut: wachsweich gekochte Eier in einer süß-sauren Senfsauce mit Kartoffelpüree.

5. Gemüse- und Kartoffelgerichte

Gemüse-Nudel-Pfanne

Zutaten Für 4 Portionen: 1 Paket Fadennudeln (125 g), Salz, 1 Paket Bacon (dän. Frühstücksspeck, 150 g), 1 Zucchini, 1 rote Paprikaschote, 6 Eier, Cayennepfeffer, 1 Bund Schnittlauch

1. Minute Nudeln 5 Minuten in Salzwasser kochen, auf ein Sieb gießen und abtropfen lassen.

2. Minute Den Speck in Streifen schneiden und bei mittlerer Hitze langsam in einer Pfanne ausbraten lassen. Die Zucchini putzen, waschen und in Streifen schneiden.

7. Minute Die abgetropften Nudeln zum Frühstücksspeck geben, gut untermischen und mitbraten.

9. Minute Die Paprikaschote vierteln, entkernen, waschen und in Streifen schneiden. Zusammen mit den Zucchinistreifen unter die Nudeln geben. Die Eier mit 6 El Wasser, Salz und Cayennepfeffer verquirlen. Schnittlauch in Röllchen schneiden.

12. Minute Die Eier in die Pfanne gießen und bei milder Hitze 7 Minuten stocken lassen, mit Schnittlauch bestreuen.

Pro Portion etwa 22 g E, 36 g F, 27 g KH = 538 kcal (2250 kJ)

Speck, Zucchini, Paprika und Eier machen die Nudelpfanne schon so saftig, daß man getrost auf eine Sauce verzichten kann.

5. Gemüse- und Kartoffelgerichte

Kartoffelsalat

Zutaten Für 4 Portionen: 750 g große Kartoffeln, 2 Zwiebeln, 20 g Butter oder Margarine, 1/4 l Brühe (Instant), 150 g Senfgurken (a.d. Glas), 1 Bund Schnittlauch, 1 Bund Radieschen, 3 Eigelb, Salz, Pfeffer (a.d. Mühle), 1 Tl Zucker, 3 El Senfgurkenessig, 2 bis 3 El Zitronensaft

1. Minute Die Kartoffeln schälen, waschen und in Scheiben schneiden. Die Zwiebeln pellen, fein würfeln und in der Butter oder Margarine glasig dünsten. Die Brühe zugießen und zum Kochen bringen.

8. Minute Die Kartoffelscheiben in die Brühe geben und darin 10 Minuten zugedeckt kochen.

9. Minute Die Senfgurken würfeln. Schnittlauch in Röllchen schneiden. Radieschen putzen, waschen und in Scheiben schneiden. Eigelb mit Salz, Pfeffer, Zucker, Essig und Zitronensaft verquirlen.

18. Minute Die Eigelbmischung unter die Kartoffeln rühren, nicht mehr kochen lassen.

19. Minute Schnittlauch, Radieschen und Senfgurken unter die Kartoffeln geben. Dazu passen Würstchen mit Senf.

Pro Portion etwa 8 g E, 9 g F, 37 g KH = 281 kcal (1180 kJ)

Normalerweise dauert das Kochen von Kartoffeln 20 Minuten. Aber genau in der Zeit ist dieser Salat schon fertig, weil die Kartoffeln bereits in Scheiben geschnitten gegart werden.

5. Gemüse- und Kartoffelgerichte

Erbsen-Mais-Reis

Zutaten Für 4 Portionen: 2 Zwiebeln, 30 g Butter oder Margarine, 6 Eier, 250 g 5-Minuten-Reis, 400 ml Brühe (Instant), 150 g gekochter Schinken, 1 Dose Mais (280 g), 1 Paket Erbsen (TK, 300 g), Salz, Pfeffer (a.d. Mühle), 1 Bund Petersilie, 1/8 l Schlagsahne, 20 g Parmesan (frisch gerieben)

1. Minute Die Zwiebeln pellen, fein würfeln und in der Butter oder Margarine glasig dünsten. Die Eier 7 Minuten in Wasser kochen.

4. Minute Den Reis zu den Zwiebeln geben, kurz anrösten und mit der Brühe auffüllen, 5 bis 7 Minuten quellen lassen.

6. Minute Den Schinken in Streifen schneiden. Die Eier abschrecken, pellen und halbieren. Den Mais in einem Sieb abtropfen lassen.

12. Minute Erbsen und Mais unter den Reis mischen, erhitzen, mit Salz und Pfeffer abschmecken. Die Petersilie hacken.

15. Minute Sahne und Käse unterrühren. Den Reis mit Petersilie und Schinkenstreifen bestreuen und mit den Eihälften servieren.

Pro Portion etwa 36 g E, 35 g F, 73 g KH = 765 kcal (3212 kJ)

Als pikante Würze hebt man frisch geriebenen Parmesan unter den heißen Erbsen-Mais-Reis. Dazu gibt's Schinkenstreifen und ein wachsweich gekochtes Ei.

5. Gemüse- und Kartoffelgerichte

Spinat mit Schollenfilets

Zutaten Für 4 Portionen: 1 Paket Blattspinat (TK, 300 g), 300 ml Brühe (Instant), Salz, Pfeffer, Muskatnuß (gerieben), 1 Paket Schollenfilets (TK, 300 g), 1 bis 2 El Zitronensaft, 60 g Mehl, 20 g Butterschmalz, 30 g Butter oder Margarine, 1/4 l Milch, 1 Paket Schmelzkäse (200 g), 1 El Schnittlauchröllchen, evtl. 30 g Gouda

1. Minute Den angetauten Spinat mit 100 ml Brühe zugedeckt 10 Minuten garen lassen, mit Salz, Pfeffer und Muskat würzen.

3. Minute Die aufgetauten Fischfilets mit Zitronensaft, Salz und Pfeffer würzen, dann in Mehl wenden. Überschüssiges Mehl abklopfen.

5. Minute Den Fisch im heißen Butterschmalz in 4 bis 6 Minuten goldbraun braten und mit dem abgetropften Spinat auf einer Platte warm stellen.

11. Minute 30 g Mehl in Butter oder Margarine anschwitzen, erst mit der restlichen Brühe, dann mit der Milch ablöschen und unter Rühren aufkochen lassen.

15. Minute Den Käse unter Rühren in der Sauce schmelzen lassen, mit Salz, Pfeffer und Schnittlauch würzen, zum Spinat und Fisch geben. Den Spinat nach Belieben mit geriebenem Käse bestreuen.

Pro Portion etwa 28 g E, 29 g F, 15 g KH = 446 kcal (1866 kJ)

Zu Blattspinat passen goldbraun gebratene Schollenfilets und eine sahnige Käse-Schnittlauch-Sauce. Wer noch mehr Käse mag, streut geriebenen Gouda über das zarte Gemüse.

5. Gemüse- und Kartoffelgerichte

Gemüse-Thunfisch-Salat

Zutaten Für 4 Portionen: 300 g Tomaten, 1 Bund Frühlingszwiebeln, 1 Dose Thunfisch in Öl (150 g), 1 Dose Maiskörner (285 g), 1 Salatgurke (500 g), 1/8 l Tomatensaft, 3 bis 4 El Zitronensaft, Salz, Pfeffer (a.d. Mühle), Cayennepfeffer, 12 El Öl, 1 Bund glatte Petersilie

1. Minute Die Tomaten waschen, sechsteln, die Stielansätze entfernen. Die Tomatensechstel entkernen. Die Frühlingszwiebeln putzen und schräg in Ringe schneiden.

7. Minute Den Thunfisch auf Küchenpapier geben und abtropfen lassen. Den Mais ebenfalls abtropfen lassen.

9. Minute Die Gurke waschen, längs halbieren. Die Kerne mit einem Löffel herauskratzen. Die Gurkenhälften in Scheiben schneiden.

13. Minute Tomaten- und Zitronensaft erst mit Salz, Pfeffer und Cayenne verrühren, dann das Öl nach und nach unterrühren.

16. Minute Die Petersilie von den Stielen zupfen und mit Tomaten, Frühlingszwiebeln, Thunfisch, Mais und Gurke mit der Sauce in einer Schüssel vorsichtig mischen.

Pro Portion etwa 14 g E, 39 g F, 19 g KH = 499 kcal (2090 kJ)

Bunt und knackig:
Der schnelle Salat aus Tomaten, Thunfisch, Mais, Gurke und Frühlingszwiebeln wird nicht mit Mayonnaise verfeinert, sondern mit einer pikanten Sauce aus Tomatensaft, Gewürzen und Öl.

5. Gemüse- und Kartoffelgerichte

Omelett mit Rahmporree

Zutaten Für 4 Portionen: 2 Pakete Rahmporree (TK, à 300 g), 100 g Schlagsahne, 1 Bund glatte Petersilie, 250 g Katenschinken, 50 g Gouda, 6 Eier, Salz, Pfeffer (a.d. Mühle), Muskatnuß (frisch gerieben), 60 g Butter oder Margarine

1. Minute Den aufgetauten Porree mit 3 El Sahne unter Rühren aufkochen lassen. Die Petersilie hacken und unterrühren. Den Porree eventuell nachwürzen.

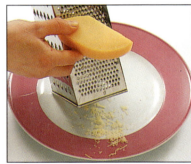

5. Minute Die Fettschicht des Schinkens abschneiden. Den Schinken erst in Scheiben, dann in Würfel schneiden.

7. Minute Den Käse auf der feinen Seite der Haushaltsreibe raspeln.

9. Minute Die Eier mit der restlichen Sahne, Salz, Pfeffer und Muskatnuß verquirlen. Den Käse unterrühren.

10. Minute Aus den verquirlten Eiern nacheinander in der Butter oder Margarine vier Omeletts braten und sie auf Teller gleiten lassen. Omeletts mit Porree füllen und mit Schinken bestreuen. Dazu paßt Tomatensalat.

Pro Portion etwa 29 g E, 64 g F, 11 g KH = 766 kcal (3213 kJ)

Das lockere, mit geriebenem Käse verfeinerte Omelett ist mit herzhaftem Rahmporree gefüllt. Wer auf Fleisch verzichten möchte, läßt die Schinkenwürfel einfach weg.

5. Gemüse- und Kartoffelgerichte

Möhren mit Morchelsauce

Zutaten Für 4 Portionen: 15 g Morcheln (getrocknet), 700 g Bundmöhren, 50 g Butter, 1 gute Prise Zucker, Salz, Pfeffer (a.d. Mühle), 100 ml klare Brühe (Instant), 1/4 l Schlagsahne, 1 1/2 El helles Saucenbindemittel, 4 Eier, 1/2 Bund Schnittlauch

1. Minute Die Morcheln im Sieb abbrausen und mit heißem Wasser bedeckt einweichen.

3. Minute Die Möhren putzen und schräg in Scheiben schneiden.

5. Minute 30 g Butter in einer Pfanne erhitzen. Die Möhren zugeben und darin andünsten, mit Zucker, Salz und Pfeffer würzen.

8. Minute Die Morcheln, 3 El Morchelwasser, Brühe und Sahne zugeben und offen bei mittlerer Hitze 7 Minuten kochen lassen. Das Saucenbindemittel einrühren, alles noch einmal aufkochen lassen.

15. Minute Die Eier in der restlichen Butter braten und salzen. Den Schnittlauch in Röllchen schneiden und über die Möhren und die Spiegeleier streuen.

Pro Portion etwa 10 g E, 36 g F, 16 g KH = 445 kcal (1867 kJ)

Die jungen, zarten Möhren, die Bundmöhren, entfalten in der Morchelsauce ihr pralles Frühlingsaroma. Dazu passen Spiegelei und Pellkartoffeln.

5. Gemüse- und Kartoffelgerichte

Bohnen-Wurst-Salat

Zutaten Für 4 Portionen: 1 Paket Brechbohnen (TK, 300 g), Salz, 300 g Wiener Würstchen, 200 g rote Bohnen (a.d. Dose), 200 g weiße Bohnen (a.d. Dose), 3 rote Zwiebeln, 1 Bund glatte Petersilie, 3 El Weißweinessig, 2 Tl Senf, Pfeffer (a.d. Mühle), 8 El Öl

1. Minute Die grünen Bohnen in kochendes Salzwasser geben und 12 bis 15 Minuten garen, herausnehmen und abtropfen lassen.

3. Minute Die Würstchen in Scheiben schneiden. Die roten und weißen Bohnen in einem Sieb unter fließendem Wasser abspülen.

6. Minute Die Zwiebeln pellen, halbieren und quer in Spalten schneiden.

10. Minute Die Petersilie hacken. Den Essig erst mit Senf, Salz und Pfeffer verrühren. Dann das Öl nach und nach unterrühren.

15. Minute Bohnen, Würstchen, Zwiebeln und Petersilie vorsichtig in einer Schüssel mit der Sauce verrühren.

Pro Portion etwa 25 g E, 40 g F, 36 g KH = 627 kcal (2625 kJ)

Wenn dreierlei Sorten Bohnen mit Wiener Würstchen, roten Zwiebeln, Essig, Senf und Pfeffer zusammentreffen, dann wird es deftig-scharf – wie dieser Bohnen-Wurst-Salat.

6. Ragouts

Hasenragout mit Brokkoli

Zutaten Für 4 Portionen: 500 g Brokkoli, 500 g Hasenrückenfilet, Salz, 20 g Butterschmalz, Pfeffer (a.d. Mühle), 1 bis 2 El Johannisbeergelee, 1/8 l Wildfond, 150 g Crème fraîche, 1 bis 2 El Saucenbindemittel, 20 g Mandeln (gehobelt), 30 g Butter oder Margarine

1. Minute Den Brokkoli waschen, die Röschen abtrennen, die Stiele schälen und quer in Scheiben schneiden. Die Hasenfilets in Scheiben schneiden.

8. Minute Den Brokkoli in Salzwasser kochen. Das Fleisch in Butterschmalz anbraten, mit Salz und Pfeffer würzen. Das Johannisbeergelee darin auflösen. Das Fleisch aus der Pfanne nehmen.

12. Minute Den Wildfond und Crème fraîche in den Bratensud geben. Die Sauce aufkochen, Saucenbindemittel einstreuen und alles nochmals aufkochen lassen.

16. Minute Den Brokkoli vorsichtig abgießen. Die Mandeln in der zerlassenen Butter oder Margarine goldbraun rösten, vorsichtig unter den Brokkoli geben.

19. Minute Das Fleisch in die Sauce geben, salzen, pfeffern und mit dem Brokkoli servieren. Dazu passen Kartoffelkroketten.

Pro Portion etwa 32 g E, 29 g F, 10 g KH = 447 kcal (1870 kJ)

Der leicht herbe Geschmack des Hasenfleisches wird durch Johannisbeergelee in der Sauce gemildert. Leicht süßlich schmeckt auch der Brokkoli, der mit gerösteten Mandeln serviert wird.

6. Ragouts

Eierragout mit Reis

Zutaten Für 4 Portionen: 6 Eier, 100 g Bacon (dän. Frühstücksspeck), 250 g Porree, 30 g Butter oder Margarine, 20 g Mehl, 3/8 l Brühe (Instant), 125 g 8-Minuten-Reis, Salz, 1 Bund glatte Petersilie, 100 g Schmand, 1 El Kapern, Pfeffer (a.d. Mühle), Muskatnuß (frisch gerieben)

1. Minute Die Eier an der runden Seite anstechen und 8 Minuten kochen lassen, dann kalt abschrecken.

3. Minute Den Bacon in Streifen schneiden. Den Porree putzen, waschen und in Ringe schneiden. Den Speck in Butter oder Margarine glasig dünsten.

10. Minute Den Porree zum Speck geben, kurz andünsten. Mehl darüber stäuben und anschwitzen. Brühe zugießen und 3 Minuten kochen. Reis in kochendes Salzwasser geben, 8 Minuten quellen lassen.

13. Minute Die Petersilie hacken. Schmand, Kapern und die Hälfte der Petersilie zur Sauce geben, noch einmal kurz aufkochen lassen, mit Salz, Pfeffer und Muskatnuß würzen.

16. Minute Die Eier pellen und sechsteln. Den Reis als Ring auf die Platte geben. Die Eier und die Sauce darin anrichten und mit restlicher Petersilie bestreuen.

Pro Portion etwa 11 g E, 25 g F, 20 g KH = 364 kcal (1524 kJ)

Das Eierragout mit Porree, Bacon, Schmand und Kapern wird auf einem Reisrand angerichtet und mit gehackter Petersilie bestreut.

6. Ragouts

Geflügelragout

Zutaten Für 6 Portionen: 6 Blätterteigpasteten, 3/8 l Brühe (Instant), 500 g Hähnchenbrustfilet, 250 g Champignons, 20 g Butter oder Margarine, 3 El Mehl, 1 Paket Erbsen (TK, 300 g), 4 El Weißwein, Salz, Pfeffer, Worcestershiresauce, Zucker, 1/8 l Sahne, 2 Eigelb, 1 Bund Petersilie

1. Minute Die Pasteten in den 150 Grad (Gas 1, Umluft 150 Grad) heißen Backofen schieben. Die Brühe zum Kochen bringen. Das Fleisch würfeln, in die Brühe geben und 5 Minuten bei milder Hitze darin garen.

5. Minute Die Pilze putzen, waschen, trockentupfen, vierteln und in der heißen Butter oder Margarine andünsten. Das Mehl darüber stäuben.

10. Minute Das Fleisch aus der Brühe nehmen. Die Brühe zu den Pilzen gießen, aufkochen lassen. Fleisch und Erbsen zugeben, noch einmal alles aufkochen lassen, mit Wein und Gewürzen abschmecken.

17. Minute Sahne und Eigelb verrühren und unter das Ragout geben, nicht mehr kochen lassen! Die Petersilie hacken und unterrühren.

19. Minute Das Geflügelragout in die heißen Blätterteigpasteten füllen und sofort servieren.

Pro Portion etwa 21 g E, 19 g F, 20 g KH = 345 kcal (1443 kJ)

Blätterteigpasteten sind für Ragouts wie geschaffen. Hier wird ein Geflügelragout mit Champignons und Erbsen in die knusprigen Teigtaschen gefüllt.

6. Ragouts

Pilzragout mit Rinderfilet

Zutaten Für 4 Portionen: 20 g Steinpilze (getrocknet), 1/4 l Brühe (Instant), 500 g Rinderfilet, 6 El Öl, Salz, Pfeffer (a.d. Mühle), 1 Zwiebel, 250 g kleine Champignons, 200 g Crème fraîche, 3 bis 4 El dunkles Saucenbindemittel, 1 bis 2 El Weinbrand, 1 Bund Schnittlauch

1. Minute Die Steinpilze kurz abbrausen, dann in der Brühe einweichen. Das Filet in Streifen schneiden. Das Fleisch in drei Portionen in der Pfanne in jeweils 2 El Öl anbraten, mit Salz und Pfeffer würzen, in einen Topf geben.

10. Minute Die Zwiebel pellen, würfeln und in dem Bratfett glasig dünsten. Die Champignons kurz abbrausen, zu den Zwiebelwürfeln geben und kurz anbraten.

14. Minute Die angebratenen Zwiebelwürfel und die Champignons mit der Brühe und den Steinpilzen ablöschen.

15. Minute Die Crème fraîche dazugeben und verrühren. Die Sauce zum Kochen bringen. Das Saucenbindemittel einstreuen, alles nochmals aufkochen, mit Salz, Pfeffer und Weinbrand abschmecken. Schnittlauch in Röllchen schneiden.

19. Minute Das Fleisch in die Sauce geben und mit den Schnittlauchröllchen bestreuen.

Pro Portion etwa 28 g E, 39 g F, 16 g KH = 564 kcal (2360 kJ)

Dieses herzhafte Ragout aus Rinderfilet, Steinpilzen und Champignons schmeckt noch mal so gut, wenn man dazu knuspriges Baguette in die Crème-fraîche-Sauce stippt.

6. Ragouts

Gurken-Fisch-Ragout

Zutaten Für 4 Portionen: 2 Salatgurken, 2 Zwiebeln, 30 g Butter oder Margarine, 20 g Mehl, 1/4 l Brühe (Instant), 125 g Crème fraîche, 2 El körniger Senf, Salz, Pfeffer (a.d. Mühle), 1 Tl Zucker, 400 g Schellfischfilet, 1 El Zitronensaft, 1 Bund Dill

1. Minute Die Salatgurken schälen, halbieren und mit einem Löffel entkernen. Die Gurkenhälften in Streifen schneiden. Die Zwiebeln pellen, würfeln und in Butter oder Margarine andünsten.

8. Minute Die Gurken zu den Zwiebeln geben, kurz andünsten. Das Mehl darüber stäuben, etwas anschwitzen lassen, dann mit Brühe und Crème fraîche ablöschen.

12. Minute Den Senf unterrühren. Die Gurken mit Salz, Pfeffer und Zucker würzen.

14. Minute Das Fischfilet waschen, in Streifen schneiden, mit Salz, Pfeffer und Zitronensaft würzen und mit den Gurken zugedeckt 4 Minuten garen.

18. Minute Den Dill von den Stielen zupfen, hacken und unter das Ragout rühren.

Pro Portion etwa 22 g E, 21 g F, 14 g KH = 341 kcal (1428 kJ)

Aus der skandinavischen Küche: das Ragout aus Fisch, Gurken und Dill, das mit körnigem Senf abgeschmeckt wird. Dazu passen Kartoffelpüree oder Salzkartoffeln.

6. Ragouts

Hähnchenragout

Zutaten Für 4 Portionen: 400 g grüne Bandnudeln, Salz, 500 g Hähnchenbrustfilet, 30 g Butterschmalz, 2 Zwiebeln, Pfeffer (a.d.Mühle), 2 El Mehl, 2 El Tomatenmark, 1/4 l Brühe (Instant), 1 Bund Schnittlauch, 200 g Crème fraîche, 2 Tl grüner Pfeffer

1. Minute Die Bandnudeln in kochendes Salzwasser geben und nach Packungsanleitung kochen.

2. Minute Hähnchenbrustfilet in feine Streifen schneiden. Die Streifen dann im heißen Butterschmalz rundherum anbraten.

5. Minute Die Zwiebeln pellen, würfeln, zum Fleisch geben, mit Salz und Pfeffer würzen.

10. Minute Das Mehl darüber stäuben, kurz anschwitzen, das Tomatenmark zugeben, die Brühe zugießen, 5 Minuten kochen lassen. Den Schnittlauch in Röllchen schneiden, Crème fraîche unterrühren.

17. Minute Den Pfeffer hacken, zugeben, alles nochmals aufkochen lassen, mit Schnittlauch bestreuen.

Pro Portion etwa 50 g E, 37 g F, 86 g KH = 904 kcal (3780 kJ)

136

Zartes Hähnchenfleisch diesmal in feuriger Tomaten-Pfeffer-Sauce mit grünen Bandnudeln. Dazu paßt ein leichter italienischer Weißwein.

6. Ragouts

Pilzragout mit Klößen

Zutaten Für 4 Portionen: 1 Paket Kartoffelklöße (halb und halb, im Kochbeutel), Salz, 75 g Bacon (dän. Frühstücksspeck), 250 g Champignons, 150 g Pfifferlinge, 1 El Mehl, 300 ml Gemüsebrühe (Instant), 350 g Austernpilze, 150 g Kräuter-Crème-fraîche, 1 Bund glatte Petersilie, Pfeffer (a.d. Mühle)

1. Minute Die Kartoffelklöße in kaltes Salzwasser geben und nach der Packungsanleitung garen.

2. Minute Den Bacon in Streifen schneiden und bei milder Hitze ausbraten. Die Champignons waschen und vierteln.

6. Minute Die Pfifferlinge putzen, mit den Champignons zum Bacon geben, anbraten, mit Mehl bestäuben, mit Brühe ablöschen und im geschlossenen Topf garen.

15. Minute Die Austernpilze in Streifen schneiden, zum Ragout geben und aufkochen lassen. Crème fraîche unterrühren. Die Petersilie hacken und zugeben, mit Salz und Pfeffer würzen.

20. Minute Die Klöße kalt abschrecken, aus dem Beutel nehmen und mit dem Ragout anrichten.

Pro Portion etwa 9 g E, 24 g F, 40 g KH = 423 kcal (1769 kJ)

Geballtes Pilzaroma: Champignons, Pfifferlinge und Austernpilze kommen in die mit Crème fraîche verfeinerte Specksauce. Natürlich gibt's dazu Kartoffelklöße.

7. Süßes

Zwetschgen-Pfannkuchen

Zutaten Für 4 Portionen: 100 g Mehl, 1/4 l Milch, Salz, 2 El Zucker, 3 Eier (getrennt), Butter oder Margarine für das Blech, 250 g Zwetschgen (entsteint und geviertelt), 3 El Zimtzucker, 1 Paket Vanilleeis

1. Minute Den Backofen inklusive Backblech auf 225 Grad (Gas 4, Umluft 225 Grad) vorheizen. Das Mehl mit der Milch glattrühren, 1 Prise Salz, 1 El Zucker und Eigelb darunterrühren.

2. Minute Eiweiß mit 1 Prise Salz und 1 El Zucker sehr steif schlagen. Das heiße Blech aus dem Ofen nehmen, fetten, den Teig daraufgießen und glattstreichen.

4. Minute Die entsteinten und geviertelten Zwetschgen auf dem Teig verteilen.

5. Minute Den Eischnee eßlöffelweise auf den Teig setzen, den Zimtzucker darüber streuen. Den Eierkuchen auf der 2. Einschubleiste von unten 12 Minuten backen.

19. Minute Den heißen Eierkuchen aufrollen, in Scheiben schneiden und mit Vanilleeis servieren.

Pro Portion etwa 12 g E, 15 g F, 62 g KH = 444 kcal (1861 kJ)

Heiß und kalt kombiniert: aufgerollter, in Scheiben geschnittener Riesen-Zwetschgen-Pfannkuchen vom Blech mit Vanilleeis.

7. Süßes

Rote Grütze

Zutaten Für 4 Portionen: 1/2 l Milch, 1 Paket Vanillesaucenpulver, 120 g Zucker, 1/2 Vanilleschote, 1 l roter Johannisbeernektar, 60 g Speisestärke, 2 Pakete Beeren-Cocktail (TK), 1/8 l Schlagsahne

1. Minute Aus Milch, Saucenpulver und 20 g Zucker eine Sauce nach Packungsanleitung kochen. Die Vanilleschote längs aufschlitzen, das Mark herauskratzen, in die Sauce geben, kalt stellen.

7. Minute 1/8 l Johannisbeernektar abmessen und mit der Speisestärke verrühren. Restlichen Johannisbeernektar mit dem restlichen Zucker in einem Topf zum Kochen bringen.

11. Minute Die angerührte Stärke in den kochenden Nektar rühren und noch einmal aufkochen lassen.

13. Minute Die unaufgetauten Früchte unter den Saft heben, alles in eine Schüssel umfüllen und kalt stellen.

18. Minute Die Sahne halbsteif schlagen, unter die Vanillesauce heben und zur Grütze servieren.

Pro Portion etwa 8 g E, 16 g F, 114 g KH = 655 kcal (2740 kJ)

Der Trick bei dieser schnellen – typisch norddeutschen – Grütze: Die Beeren werden unaufgetaut in den heißen Saft gegeben und kühlen ihn blitzschnell ab. Unentbehrlich dazu: die dickflüssige Vanillesauce.

7. Süßes

Apfelpfannkuchen

Zutaten Für 4 Portionen: 60 g Rosinen, 125 g Mehl, 3 El Zucker, 1 Paket Vanillinzucker, 1/8 l Milch, 3 Eier, 2 Äpfel (250 g), Salz, 30 g Butterschmalz, 250 g Schlagsahne, 40 g Mandelstifte, Zimt

1. Minute Die Rosinen abspülen und mit heißem Wasser begießen. Das Mehl mit 2 El Zucker, Vanillinzucker und Milch verrühren.

3. Minute Die Eier trennen. Eigelb zur Mehlmischung geben, mit den Quirlen des Handrührers unterrühren. Die Äpfel abspülen.

4. Minute Die Äpfel auf der groben Seite der Haushaltsreibe raspeln. Eiweiß zusammen mit einer Prise Salz steif schlagen. Die Rosinen abgießen und abtropfen lassen.

8. Minute Butterschmalz in einer Pfanne (28 cm Durchmesser) zerlassen. Rosinen, Äpfel und Eischnee unter den Teig heben und zugedeckt bei milder Hitze 7 Minuten backen. Die Sahne mit dem restlichen Zucker steif schlagen.

12. Minute Mandeln ohne Fett rösten. Den Pfannkuchen nach 7 Minuten wenden, offen 3 Minuten backen, mit Mandeln und Zimt bestreuen, mit Sahne servieren.

Pro Portion etwa 13 g E, 39 g F, 58 g KH = 647 kcal (2708 kJ)

Die geraspelten Äpfel im Pfannkuchenteig ersetzen das sonst übliche Apfelmus zum Pfannkuchen. Als Extras gibt's dafür geröstete Mandelsplitter mit Zimt und Schlagsahne.

7. Süßes

Quarkschmarren

Zutaten Für 4 Portionen: 30 g Mandelblättchen, 500 g Erdbeeren, 4 cl Cassis (schwarzer Johannisbeerlikör), 3 Eier, 50 g Mehl, 1/8 l Schlagsahne, 30 g Zucker, 70 g Quark, 40 g Rosinen, 20 g Butter

1. Minute Die Mandelblättchen in einer Pfanne ohne Fett goldbraun rösten.

3. Minute Die Erdbeeren waschen, putzen, vierteln und mit Cassis marinieren.

9. Minute Die Eier trennen, das Mehl zuerst mit der Sahne, dann mit Eigelb, Zucker und Quark verrühren. Die Mandelblättchen und die Rosinen unterrühren.

11. Minute Das Eiweiß steif schlagen und unter den Teig heben. Die Butter in einer Pfanne erhitzen, den Teig hineingeben.

14. Minute Den Teig bei milder Hitze ungefähr 4 Minuten backen, vorsichtig mit zwei Gabeln zerreißen, eventuell wenden. Den Quarkschmarren mit den Erdbeeren servieren.

Pro Portion etwa 13 g E, 26 g F, 37 g KH = 448 kcal (1878 kJ)

Dieser saftige Quarkschmarren, der aus einem lockeren Pfannkuchenteig bereitet wird, schmeckt mit marinierten Erdbeeren als kleines Hauptgericht oder als Dessert.

7. Süßes

Kirsch-Joghurt-Creme

Zutaten Für 4 Portionen: 1 Glas Sauerkirschen (750 g), 10 Löffelbiskuits, 4 Blatt weiße Gelatine, 2 Vanilleschoten, 6 Eigelb, 4 El Puderzucker, 2 Pakete Vanillinzucker, 2 El Kirschwasser, 3 Becher Vollmilchjoghurt (à 150 g)

1. Minute Die Kirschen in einem Sieb abtropfen lassen, den Saft dabei auffangen. Die Löffelbiskuits zerbröseln und bis auf 1 El in 4 Gläser füllen, mit 1/8 l Kirschsaft begießen. 3/4 der Kirschen daraufgeben.

4. Minute Die Gelatineblätter in kaltem Wasser einweichen. Die Vanilleschoten längs aufschlitzen, das Mark herauskratzen.

6. Minute Eigelb mit Vanillemark, Puderzucker, Vanillinzucker und Kirschwasser sehr schaumig rühren. Die Gelatine bei milder Hitze in der Pfanne auflösen und unter den Eischaum rühren.

11. Minute Den Joghurt unter die Creme rühren. Die Creme für 5 Minuten ins Gefriergerät stellen und etwas anfrieren lassen.

16. Minute Die Creme aufschlagen, in die Gläser geben, die restlichen Kirschen darauf geben und mit den restlichen Löffelbiskuitbröseln bestreuen.

Pro Portion etwa 14 g E, 15 g F, 57 g KH = 454 kcal (1899 kJ)

Dieses Dessert ist ein kalter Sommergenuß in drei Schichten: zerbröselte Löffelbiskuits mit Sauerkirschen und einer aufgeschlagenen, luftigen Joghurtcreme.

7. Süßes

Arme Ritter mit Kompott

Zutaten Für 4 Portionen: 4 Eier, 1/4 l Milch, 2 Pakete echter Vanillezucker, 1/2 Weißbrot (250 g), 750 g Rhabarber, 100 ml Himbeersirup, 1 El Speisestärke, 30 g Butterschmalz, 1 El Zucker

1. Minute Die Eier mit der Milch und 1 Paket Vanillezucker in eine Schüssel geben, alles verquirlen. Das Weißbrot in 8 gleichmäßig große Scheiben schneiden.

3. Minute Die Weißbrotscheiben nebeneinander in eine flache Schale legen und mit der Eiermilch begießen.

5. Minute Den Rhabarber waschen, putzen und abziehen. Die Rhabarberstangen in etwa 4 cm lange Stücke schneiden.

8. Minute Himbeersirup aufkochen, die Rhabarberstücke dazugeben und 5 Minuten dünsten. Speisestärke mit 2 El Wasser verrühren, zum kochenden Rhabarber geben, nochmals aufkochen lassen und kalt stellen.

14. Minute Das Brot im heißen Butterschmalz von jeder Seite 3 Minuten braten, mit Zucker und restlichem Vanillezucker bestreuen und mit Rhabarberkompott servieren.

Pro Portion etwa 15 g E, 16 g F, 60 g KH = 457 kcal (1916 kJ)

Die eigetränkten, goldbraun gebratenen Weißbrotscheiben harmonieren bestens mit dem säuerlichen Rhabarberkompott.

7. Süßes

Sahnereis mit Kompott

Zutaten Für 4 Portionen: 625 ml Milch, 1 Prise Salz, 1 Paket 5-Minuten-Reis (250 g), 1 Glas Pflaumen (680 g, entsteint), 2 Tl Speisestärke, 1 Zimtstange, 70 g Zucker, 1 Paket Vanillinzucker, 3 Birnen (ca. 500 g), 250 g Schlagsahne, 40 g Butter, 100 g Zucker, 1 Tl Zimt

1. Minute Milch mit Salz zum Kochen bringen. Den Reis dazugeben und offen bei milder Hitze 5 Minuten quellen lassen, dabei mehrmals umrühren. Die Pflaumen in einem Sieb abtropfen lassen, den Saft dabei auffangen.

3. Minute Stärke mit 2 El Wasser verrühren. Pflaumensaft mit der Zimtstange aufkochen, die Stärke unterrühren, noch einmal aufkochen lassen, mit Zucker und Vanillinzucker süßen und auf ein Blech streichen, kalt stellen.

6. Minute Die Birnen schälen, halbieren, Kerngehäuse und Stiele entfernen. Die Birnenhälften quer in dünne Scheiben schneiden, zum Pflaumensaft geben und kalt stellen.

17. Minute Die Sahne steif schlagen. Die Pflaumen unter das Birnenkompott heben. Die Zimtstange herausnehmen. Die Butter bräunen.

19. Minute Die geschlagene Sahne unter den Reis heben. Den Sahnereis mit Kompott, brauner Butter und Zimtzucker anrichten.

Pro Portion etwa 13 g E, 35 g F, 157 g KH = 1023 kcal (4280 kJ)

Milchreis-Fans werden sich diese süße Speise sicherlich nicht entgehen lassen. Wer bislang noch nicht zu ihnen zählt, wird sich überzeugen lassen vom Sahnereis mit Birnen-Pflaumen-Kompott, brauner Butter und Zimtzucker.

7. Süßes

Maisgrieß-Flammeri

Zutaten Für 4 Portionen: 1/4 l Milch, 60 g Butter, 60 g Zucker, 1 Prise Salz, 130 g Maisgrieß, 2 Eier (getrennt), 3 Tl Speisestärke, 200 ml Fliederbeersaft, 2 Orangen

1. Minute Milch, Butter, 30 g Zucker und Salz aufkochen lassen. Den Grieß einstreuen und rühren, bis sich der Teig vom Topfboden löst.

4. Minute Den Topf vom Herd nehmen und Eigelb unterrühren. Eiweiß sehr steif schlagen.

6. Minute Erst ein Drittel des Eischnees unter den Grießbrei rühren, dann den restlichen Eischnee unterziehen.

9. Minute Die Speisestärke mit 6 El Fliederbeersaft glattrühren. Den restlichen Saft und 200 ml Wasser mit restlichem Zucker aufkochen, die angerührte Stärke einrühren, nochmals aufkochen lassen.

12. Minute Die Orangen schälen. Die Filets zwischen den Trennhäuten mit einem Messer herausschneiden. Den Grieß-Flammeri portionsweise mit der warmen Sauce und den Orangenspalten anrichten.

Pro Portion etwa 10 g E, 19 g F, 56 g KH = 442 kcal (1854 kJ)

Sonnengelb und locker ist dieser Flammeri aus Maisgrieß, der mit einer Fliederbeersauce und Orangenfilets serviert wird.

7. Süßes

Bratäpfel mit Vanillesauce

Zutaten Für 6 Portionen: 6 kleine mürbe rote Äpfel (z.B. Ingrid Marie), 15 g Butter oder Margarine, 2 Tüten Mandelstifte (à 40 g), 1 Paket Rumrosinen, 1/2 l Milch, 1 Paket Vanillesaucenpulver, 3 El Zucker

1. Minute Den Backofen auf 200 Grad (Gas 3, Umluft 200 Grad) vorheizen. Die Äpfel waschen und mit einem Apfelausstecher die Kerngehäuse ausstechen.

4. Minute Eine Auflaufform mit Butter oder Margarine ausfetten, die Äpfel in die Form setzen, dicht an dicht, damit sie nicht umkippen können. Die Mandelstifte mit den Rosinen mischen.

6. Minute Die Äpfel mit der Mandel-Rosinen-Mischung füllen, den Rest drumherum in der Form verteilen. Die Äpfel im Backofen auf der 2. Einschubleiste von unten 5 Minuten backen. Inzwischen 3/8 l Milch zum Kochen bringen. Das Saucenpulver mit der restlichen kalten Milch und dem Zucker verrühren.

9. Minute Das angerührte Pulver mit dem Schneebesen unter die kochende Milch rühren und kräftig aufwallen lassen, den Topf vom Herd ziehen.

11. Minute Die Sauce zu den Äpfeln gießen, die Äpfel wieder in den Backofen schieben und 9 Minuten weiterbacken, heiß servieren.

Pro Portion etwa 6 g E, 13 g F, 41 g KH = 321 kcal (1342 kJ)

Sie schmecken am besten, wenn es draußen eiskalt ist, egal, ob als Nachtisch oder zum Kaffee: heiße Bratäpfel mit einer Mandel-Rumrosinen-Füllung und Vanillesauce.

REZEPT REGISTER

Hier finden Sie die Rezepte in alphabetischer Reihenfolge

A

Apfelpfannkuchen **144**
Appenzeller-Schnitten **70**
Arme Ritter mit Kompott **150**
Asiatischer Hühnertopf **24**
Avocados, gefüllte **98**

B

Bauernfrühstück **102**
Blumenkohlgratin **68**
Bœuf Stroganoff **80**
Bohnen in Kräutersahne **94**
Bohnensuppe **10**
Bohnen-Wurst-Salat **124**
Bratäpfel mit Vanillesauce **156**
Bunter Muscheltopf **20**

C

Chili con carne **26**
Chinapfanne **74**
Currygeschnetzeltes **72**

E

Eier in Senfsauce **108**
Eierragout mit Reis **128**
Eiersalat mit Käse **92**
Entenbrust mit Koriander **78**
Erbsen-Mais-Reis **114**

F

Filetsteaks auf Rösti **62**
Fischsuppe **16**

G

Geflügelragout **130**
Gefüllte Avocados **98**
Gefülltes Schweinefilet **48**
Gemüse-Nudel-Pfanne **110**
Gemüse-Thunfisch-Salat **118**
Grütze, rote **142**
Gurken-Fisch-Ragout **134**

H

Hamburger **50**
Hähncheneintopf **18**
Hähnchenragout **136**
Hasenragout mit Brokkoli **126**
Hühnertopf, asiatischer **24**

K

Kalbsmedaillons **52**
Kalbssteaks **54**
Kartoffel-Porree-Suppe **14**
Kartoffelsalat **112**
Kartoffelsuppe **8**
Kirsch-Joghurt-Creme **148**
Kräuter-Rumpsteaks **66**

L

Labskaus **104**
Lammkoteletts **30**
Leber mit Estragonsauce **76**
Leberrouladen **42**

M

Maisgrieß-Flammeri **154**
Meerrettichschnitzel **44**
Möhren
mit Morchelsauce **122**
Mürbeteigpizza **60**
Muscheltopf, bunter **20**

N

Nudeln mit Gemüsesauce **100**

O

Omelett mit Rahmporree **120**

P

Pfannkuchen-Pizza **56**
Pilzragout mit Klößen **138**
Pilzragout mit Rinderfilet **132**
Putenröllchen **36**
Putenschnitzel **34**

Q

Quarkschmarren **146**

R

Ratatouille **106**
Reisfleisch, serbisches **88**
Reispfanne **82**
Rinderfilet-Avocado-Toast **38**
Rosenkohlauflauf **64**
Rosenkohleintopf **12**
Rotbarschfilet mit Reis **58**
Rote Grütze **142**
Rotzunge mit Spinat **32**
Rumpsteaks **46**

S

Sahnereis mit Kompott **152**
Sauerkrauteintopf **22**
Scaloppine al Limone **40**
Schweinefilet mit Curry **84**
Schweinefilet, gefülltes **48**
Schweinemedaillons **28**
Serbisches Reisfleisch **88**
Spinat mit Schollenfilets **116**

T

Thymian-Omelett **90**
Tortilla mit Paprika **96**

W

Wurstpfanne **86**

Z

Zwetschgen-
Pfannkuchen **140**

REZEPT REGISTER

Hier finden Sie die Rezepte nach Kapiteln geordnet

Suppen und Eintöpfe

Asiatischer Hühnertopf **24**
Bohnensuppe **10**
Bunter Muscheltopf **20**
Chili con carne **26**
Fischsuppe **16**
Hähncheneintopf **18**
Hühnertopf, asiatischer **24**
Kartoffel-Porree-Suppe **14**
Kartoffelsuppe **8**
Muscheltopf, bunter **20**
Rosenkohleintopf **12**
Sauerkrauteintopf **22**

Kurzgebratenes

Gefülltes Schweinefilet **48**
Hamburger **50**
Lammkoteletts **30**
Leberrouladen **42**
Meerrettichschnitzel **44**
Putenröllchen **36**
Putenschnitzel **34**
Rinderfilet-Avocado-Toast **38**
Rotzunge mit Spinat **32**
Rumpsteaks **46**
Scaloppine al Limone **40**
Schweinefilet, gefülltes **48**
Schweinemedaillons **28**

Überbackenes

Appenzeller-Schnitten **70**
Blumenkohlgratin **68**
Filetsteaks auf Rösti **62**
Kalbsmedaillons **52**
Kalbssteaks **54**
Kräuter-Rumpsteaks **66**
Mürbeteigpizza **60**
Pfannkuchen-Pizza **56**
Rosenkohlauflauf **64**
Rotbarschfilet mit Reis **58**

Geschnetzeltes

Bœuf Stroganoff **80**
Chinapfanne **74**
Currygeschnetzeltes **72**
Entenbrust mit Koriander **78**
Leber mit Estragonsauce **76**
Reisfleisch, serbisches **88**
Reispfanne **82**
Schweinefilet mit Curry **84**
Serbisches Reisfleisch **88**
Wurstpfanne **86**

Gemüse- und Kartoffelgerichte

Avocados, gefüllte **98**
Bauernfrühstück **102**
Bohnen in Kräutersahne **94**
Bohnen-Wurst-Salat **124**
Eier in Senfsauce **108**
Eiersalat mit Käse **92**
Erbsen-Mais-Reis **114**
Gefüllte Avocados **98**
Gemüse-Nudel-Pfanne **110**
Gemüse-Thunfisch-Salat **118**
Kartoffelsalat **112**
Labskaus **104**
Möhren mit Morchelsauce **122**
Nudeln mit Gemüsesauce **100**
Omelett mit Rahmporree **120**
Ratatouille **106**
Spinat mit Schollenfilets **116**
Thymian-Omelett **90**
Tortilla mit Paprika **96**

Ragouts

Eierragout mit Reis **128**
Geflügelragout **130**
Gurken-Fisch-Ragout **134**
Hähnchenragout **136**
Hasenragout mit Brokkoli **126**
Pilzragout mit Klößen **138**
Pilzragout mit Rinderfilet **132**

Süßes

Apfelpfannkuchen **144**
Arme Ritter mit Kompott **150**
Bratäpfel mit Vanillesauce **156**
Grütze, rote **142**
Kirsch-Joghurt-Creme **148**
Maisgrieß-Flammeri **154**
Quarkschmarren **146**
Rote Grütze **142**
Sahnereis mit Kompott **152**
Zwetschgen-Pfannkuchen **140**